Manual da **casa**

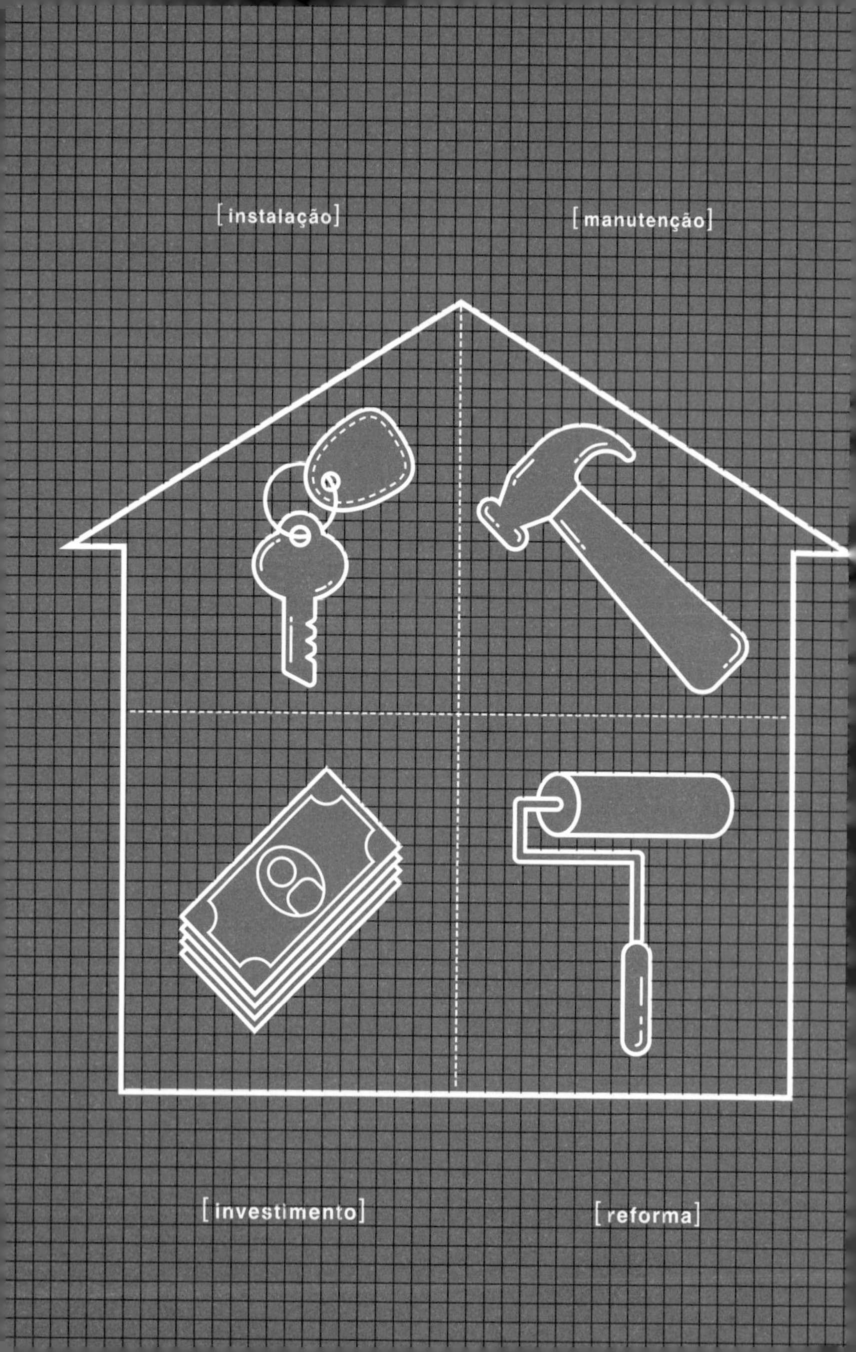
[instalação]
[manutenção]
[investimento]
[reforma]

manual da casa

UM GUIA PRÁTICO PARA TER, MANTER E REFORMAR SEU LAR SEM DOR DE CABEÇA

Dan Ramsey e o Fix-it Club®

Ilustrado por Paul Kepple e Jude Buffum

Traduzido por Cristina Sant'Anna

Gente
editora

Gerente Editorial
Alessandra J. Gelman Ruiz

Editora de Produção Editorial
Rosângela de Araujo Pinheiro Barbosa

Controle de Produção
Fábio Esteves

Tradução
Cristina Sant'Anna

Preparação
Bete Abreu

Diagramação
Join Bureau

Revisão
Camila Werner

Impressão
Vida & Consciência

Título original: *The home owner's manual*

Rua Pedro Soares de Almeida, 114
São Paulo, SP – CEP 05029-030
Tel.: (011) 3670-2500
Site: www.editoragente.com.br
E-mail: gente@editoragente.com.br

Dados Internacionais de Catalogação na Publicação (CIP)
(Câmara Brasileira do Livro, SP, Brasil)

Ramsey, Dan
Manual da casa: um guia prático para ter, manter e reformar seu lar sem dor de cabeça / Dan Ramsey e o Fix-It Club; ilustrado por Paul Kepple e Jude Buffum; tradução de Cristina Sant'Anna. – São Paulo: Editora Gente, 2012.

Título original: The home owner's manual.
ISBN 978-85-7312-803-1

1. Habitações – Manutenção e reparos – Manuais, guias etc I. Fix-It Club. II. Kepple, Paul. III. Buffum, Jude. IV. Título.

12-11069 CDD-643.7

Índices para catálogo sistemático:
1. Habitações: Manutenção e reparos: Manuais, guias etc. 643.7

Sumário

Bem-vindo
à sua casa!

ATENÇÃO!

Antes de começar a ler este manual, por favor, inspecione cuidadosamente seu imóvel, verificando todos os padrões descritos nas páginas 15 a 21. Caso algumas dessas partes ou desses serviços não existam ou pareçam não estar funcionando bem, é recomendável que você consulte quem construiu a casa ou chame um especialista imediatamente.

Se você tem uma casa, acabou de comprar uma ou está pensando em fazer isso em breve, parabéns! É muito bom morar em uma casa, especialmente quando ela se encontra em boas condições de funcionamento.

Infelizmente, porém, as coisas quebram, desgastam-se e funcionam mal, especialmente quando dividimos a casa com moradores que não precisam pagar a conta dos consertos. Além disso, se os moradores passam muito tempo no mundo da alta tecnologia, os processos e os problemas pouco tecnológicos dos imóveis podem se tornar complicados. É uma pena, mas as casas não vêm com manual de instruções, então, os moradores são deixados à sua própria sorte na hora de desentupir uma pia, manter a pintura em ordem ou fazer as lâmpadas voltarem a acender. Para piorar um pouco, os mais inexperientes talvez não saibam bem como fazer a manutenção de um imóvel.

Por enquanto, é isso. Este manual inclui uma visão geral de como uma casa funciona e também muitas instruções de consertos e manutenção passo-a-passo, os moradores decidam fazer uma reforma. Também apresenta muitas dicas práticas para escolher e mudar-se para um novo imóvel. Como outros manuais, este livro foi formatado para consultas rápidas e frequentes. A seguir, estão os principais temas abordados:

DESCRIÇÃO (páginas 23 a 33) descreve as principais funções de uma casa e também as vantagens e as opções disponíveis para os moradores.

INSTALAÇÃO (páginas 35 a 61) explica a escolha de um imóvel e o processo de instalação dos moradores no local.

PARTES E SERVIÇOS (páginas 63 a 85) explica como funcionam e interagem os sistemas das casas e apartamentos para oferecer conforto e conveniência aos moradores.

MANUTENÇÃO INTERNA (páginas 87 a 117) oferece instruções específicas para alguns projetos mais comuns de manutenção dentro da casa, incluindo limpeza dos encanamentos, manutenção elétrica, pintura e muito mais.

MANUTENÇÃO EXTERNA (páginas 119 a 137) inclui instruções passo-a-passo dos projetos mais comuns realizados na parte externa do imóvel, entre eles: telhado, paredes, portas e janelas, deques, quintais, calçadas, jardins e depósitos.

REPAROS DE EMERGÊNCIA (páginas 139 a 159) é uma referência fácil e rápida para lidar com as emergências mais comuns em encanamentos, parte elétrica, aquecimento e sistema estrutural.

OPÇÕES (páginas 161 a 181) sugere melhorias simples para tornar o imóvel mais habitável e oferece instruções específicas para realizá-las.

REFORMAS (páginas 183 a 204) aborda inúmeras melhorias que os moradores podem implementar (ou contratar quem o faça) para aprimorar a funcionalidade e o valor do imóvel.

O APÊNDICE (páginas 205 a 208) apresenta um glossário de termos específicos.

Quando mantido adequadamente, um imóvel pode proporcionar muitos anos de conforto e conveniência aos moradores atuais e a seus futuros ocupantes. Lembre-se de que uma casa exige investimento de tempo, energia e dinheiro, o que pode fazer com que as pessoas considerem a possibilidade de alugar um imóvel, e mesmo assim a manutenção é necessária. No entanto, uma casa é um investimento de longo prazo que oferece retorno financeiro e emocional muito além das simples contas de despesa e receita.

Parabéns! Bem vindo ao mundo dos lares aconchegantes e bem cuidados!

A Casa: Diagrama e Lista de Componentes

Os principais sistemas dos imóveis são o estrutural, o elétrico, o hidráulico e os de conforto. Cada um deles tem uma função importante. Para assegurar que essas funções sejam atendidas, os imóveis modernos são construídos de acordo com normas padronizadas. Em geral, as casas mais antigas, quando reformadas, precisam adequar-se a esses padrões e isso é especialmente importante para a utilização segura dos sistemas elétrico, hidráulico e outros.

Estrutural

O sistema primário de um imóvel é seu esqueleto estrutural, que inclui:

Fundação: base de concreto que prende firmemente a casa ao chão e distribui o peso da estrutura (alicerce).

Estrutura: esqueleto de madeira, aço ou alvenaria que forma os pisos, as paredes e os forros da casa.

Exterior: revestimento ou camada externa sobre a estrutura assim como as barreiras externas (portas e janelas).

Interior: revestimento ou camada interna sobre a estrutura assim como as barreiras internas (portas).

1 **EXTERIOR**
Lado de fora da estrutura

2 Telhado

3 Janelas

4 Revestimento externo (vedação)

5 Portas

6 **INTERIOR**
Lado de dentro da estrutura

7 Escadas

8 Forro

9 Paredes: estruturais ou divisórias

10 Piso: carpete, madeira ou cerâmica

11 Portas

12 **ESTRUTURA**
De madeira, aço ou alvenaria

13 Traves e subpiso

14 Plataformas do piso inferior e superior

15 Vigas

16 **FUNDAÇÃO**
Prende a casa ao chão

17 Vergalhões reforçam a estrutura

18 Espaço para trabalhar nos sistemas

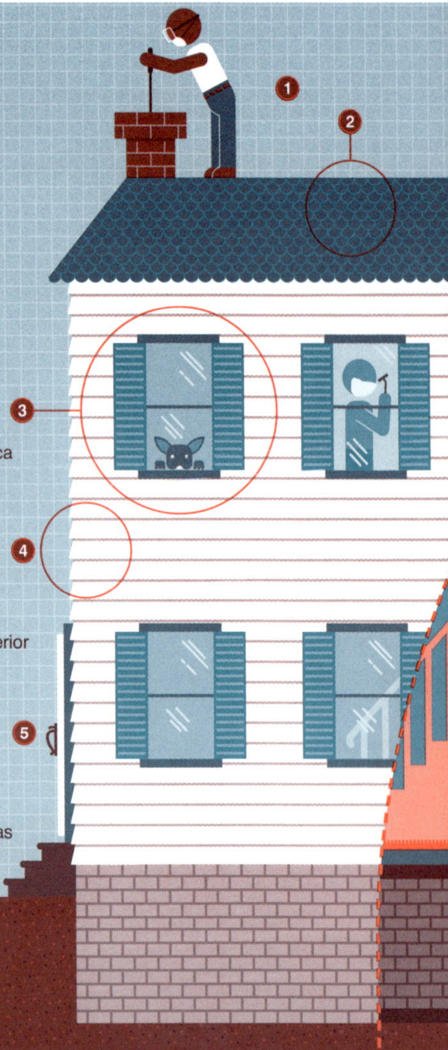

COMPONENTES DO SISTEMA ESTRUTURAL DA CASA: todos os imóveis consiste

e fundação, estrutura, e revestimentos externo e interno. Para mais detalhes, veja as páginas 63 a 66.

Elétrico

As residências modernas usam a eletricidade para iluminar e fazer funcionar os aparelhos. A energia elétrica é gerada em usinas e distribuída pela rede de fios como corrente alternada (CA). A eletricidade move-se pelos fios pela voltagem, a tensão elétrica medida em volts (V). A voltagem é reduzida pelos transformadores até chegar às residências em 220 V. No Brasil, a maior parte das residências é bifásica, ou seja, pode ter equipamentos que funcionem com 110V ou com 220V. Há regiões, porém, em que todo o imóvel funciona com 220V.

⚠ ***CUIDADO!*** *Para mexer no sistema elétrico da casa, os moradores precisam saber como ele funciona, como desligá-lo e como trabalhar com segurança. Tudo isso é tratado neste manual.*

A partir do quadro de comando, inúmeras ramificações de energia, chamadas de *circuitos*, são distribuídas pelo imóvel por meio dos fios. Esses fios começam dentro do painel de comando, em um disjuntor, e terminam no interior da casa, em tomadas ou luminárias. Os disjuntores são dispositivos de segurança que interrompem o fluxo de energia caso ele exceda o que os fios e as tomadas podem suportar com segurança (casas mais antigas, com mais de quarenta anos, podem usar fusíveis em vez de disjuntores). Em geral, os aparelhos elétricos têm um botão para ligar e desligar o circuito e são ligados em tomadas para funcionar. Os sistemas elétricos vão do quadro de comando até as tomadas e luminárias, mas ficam invisíveis; os fios passam por dentro de paredes, pisos e forros. Então, como os sistemas elétricos não têm partes móveis, os serviços de manutenção ou reparo são realizados em uma das duas pontas dos circuitos, tornando o trabalho relativamente fácil (veja as páginas 96 a 101).

Hidráulico

É um sistema de distribuição que entrega água limpa nos dispositivos (torneiras, vasos sanitários, pias) e, separadamente, remove a água suja para ser tratada. A água chega pelas instalações de serviço subterrâneas na frente do imóvel. Como alternativa, os sistemas hidráulicos privados podem fornecer água vinda de nascentes e poços. A água chega pelas adutoras e entra no sistema individual dos imóveis, sendo distribuída por canos menores para cozinha, banheiro, área de serviço e outros ambientes onde ela é necessária. Acionados manualmente, os dispositivos iniciam ou detêm o fluxo de água.

Uma parte do fornecimento de água é canalizada para armazenagem em caixas e para abastecer aquecedores, quando eles existem. Um sistema secundário distribui a água quente para dispositivos específicos (torneiras da cozinha e do banheiro, chuveiro) ou para determinados aparelhos, como a lavadora de pratos, por exemplo. O restante é utilizado no sistema de água limpa da casa.

A água suja vinda dos encanamentos de pias, chuveiros e vasos sanitários flui pelo sistema de saída até a rede pública de esgoto ou até uma fossa séptica particular. O sistema de drenagem possibilita que a água suja flua sem lançar gases nos ambientes internos. Por sua vez, o sistema de ventilação captura e lança esses gases na atmosfera por uma saída no telhado do imóvel.

Como os sistemas hidráulicos são construídos de acordo com normas de segurança, raramente existe a preocupação com questões de risco à saúde. As falhas no sistema, em geral, relacionam-se ao uso incorreto (serviço excessivo ou entupimentos) ou danos (canos quebrados). Com um pouco de conhecimento e ferramentas básicas, os moradores podem conservar bem ou reparar a maioria dos problemas do sistema hidráulico.

Conforto

Algumas residências têm sistemas para controlar a temperatura interna. Essa é a função dos sistemas de aquecimento e refrigeração. Dependendo do tipo de imóvel e de sua localização, um desses dois sistemas interconectados pode ser mais importante. Por exemplo, imóveis localizados em regiões com clima frio devem contar com um forte sistema de aquecimento e com um fraco sistema de refrigeração ou de ar-condicionado, ou mesmo nenhum. Da mesma forma, casas em área de clima quente podem ter um sistema de refrigeração ou ar-condicionado forte. Muitas casas até contam com uma combinação dos dois sistemas, integrando ambas as funções, mas utilizando o mesmo canal de distribuição.

Os sistemas de aquecimento dependem economicamente da disponibilidade de longo prazo e do custo do combustível. Por exemplo, em regiões em que a energia hidrelétrica está disponível a um custo relativamente baixo, os moradores podem depender de aquecedores elétricos, em especial se as variações de temperatura não forem dramáticas. Existe a tendência de os moradores dos imóveis preferirem as fontes renováveis de energia (solar, eólica ou hídrica) para fazer o aquecimento doméstico.

Os aparelhos de aquecimento têm passado por uma grande evolução nos últimos anos à medida que crescem as preocupações ambientais e o custo dos combustíveis. A eficiência dos fornos de aquecimento modernos está próxima de 100%, ou seja, todo o potencial de energia fornecido pelo combustível está sendo aproveitado. Esses sistemas de aquecimento, porém, exigem manutenção periódica, que pode ser facilmente realizada por um morador bem informado (veja as páginas 106 a 114).

Os sistemas de refrigeração incluem diversos tipos de aparelhos. Existem os que refrigeram o ar forçando sua passagem por uma camada de vapor d'água. Outros diminuem a temperatura do ar retirando a umidade do ambiente, assim como faz uma geladeira. Felizmente, a manutenção periódica é simples nesses sistemas de refrigeração e ar-condicionado.

Juntos, os dois sistemas contribuem para que uma casa seja habitável com conforto.

Ciclo de vida do produto

Geralmente, as casas têm uma vida bastante longa, mas isso varia e depende muito da qualidade inicial da construção e da manutenção realizada pelos moradores. Em algumas partes do mundo, houve o registro de imóveis habitáveis por 500 anos ou mais, embora tenham sido realizadas reformas contínuas. Casas inabitadas e antiquíssimas, ainda mais velhas do que essas (construídas antes dos códigos de construção), também foram descobertas. De modo geral, as casas modernas sobrevivem entre cinquenta e cem anos, ou ainda mais, desde que sejam feitas a manutenção adequada e pequenas reformas para atualizar a tecnologia. Os inimigos naturais de um imóvel são: o fogo, as enchentes, o excesso de vento e os insetos e bactérias que atacam a madeira. A longevidade da casa depende da manutenção realizada pelo morador.

Entrada afastada
MODELO H-01

[Capítulo 1]

Descrição

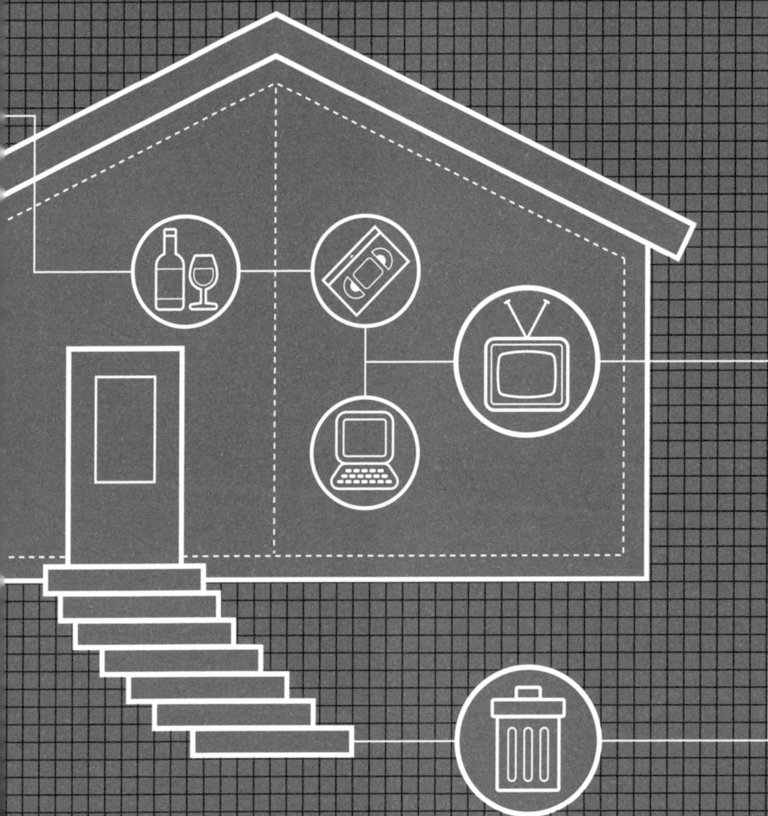

História do lar

As casas, atualmente disponíveis em uma grande variedade de modelos, têm sido utilizadas pelos humanos desde tempos muito remotos. As casas ancestrais eram simples abrigos contra as intempéries e os animais selvagens. Como o suprimento de alimentos era móvel, as casas dos primeiros humanos eram portáteis. Conforme o estilo de vida agrícola se desenvolveu, as casas tornaram-se mais permanentes e acabaram presas à terra. Os humanos começaram a erguer casas em aglomerados por conveniência e proteção. Com o necessário investimento de esforço, a posse de terra e de uma casa tornou-se mais importante, resultando no nascimento e no crescimento do mercado imobiliário (bens imóveis).

As casas são muito importantes, pois preenchem múltiplas necessidades de seus ocupantes, sejam elas físicas, emocionais ou psicológicas. Além disso, as casas hoje são um lugar para outras funções da vida, antes só realizadas fora, como trabalho e entretenimento. Ao mesmo tempo, alguns serviços tradicionalmente feitos no lar, como preparar e consumir comida, estão migrando para fora. Apesar dessa inversão, as funções principais das casas não passaram por grandes transformações no último século.

Principais lugares

Espaços funcionais

Cada lugar da casa é projetado para atender a pelo menos uma função principal. Esses lugares, também chamados de espaços funcionais ou cômodos, têm propósitos primários, secundários e até terciários. Por exemplo, a sala de estar principal pode servir como área de convi-

vência dos moradores, de entretenimento e também como espaço para as refeições. O banheiro, dependendo dos equipamentos, serve como espaço de higiene e também pode cumprir a função de relaxamento. As principais funções de uma casa incluem:

Alimentação: cozinha e espaço para as refeições.

Higiene: banheiros.

Descanso e privacidade: quartos.

Diversão: sala de estar, sala íntima, sala de televisão, varanda, quintal, deque.

Armazenagem: armários, garagem, área de serviço, edículas, despensas e depósitos.

Quando as pessoas começam a procurar uma casa para morar, consciente ou inconscientemente, decidem as funções e as funcionalidades que o imóvel deve ter para atender suas exigências. É grande o bastante? Está bem equipado? Leia o Capítulo 2 (sobre instalação) para conhecer os fatores adicionais referentes à decisão de habitar ou não determinado imóvel.

Interligações

Além dos espaços funcionais, as casas precisam ter uma planta que favoreça a eficiência das interligações entre os ambientes. As plantas com quartos isolados, por exemplo, não são as mais recomendadas para se morar. Também são menos apropriadas as casas sem o planejamento do fluxo de pessoas entre um cômodo e outro. Em contraste, um imóvel com boa interligação entre os espaços e ambientes facilita e melhora a vida de seus moradores.

Filosofia do arquiteto

As casas são inanimadas, mas os arquitetos, não. Suas ideias se refletem em cômodos, interligações e, principalmente, no estilo do imóvel. Essa é a filosofia do arquiteto. Além disso, cada perfil de ocupante vai rapidamente estabelecer seu modo de viver na casa. A filosofia pode ser classificada como: formal, informal, *clean*, elegante, orgânica ou equilibrada.

O *feng shui* (pronuncia-se "fen shui") é uma filosofia chinesa ancestral voltada para a criação de harmonia e equilíbrio na vida e nos ambientes de convivência. Apesar de o conceito ser simples, a aplicação pode se tornar complexa, já que os especialistas definiram regras específicas para que o *feng shui* produza a energia positiva, chamada de *ch'i*, em uma casa ou em um espaço. Existem, além disso, muitos modos de praticar o *feng shui* dentro de uma residência. Felizmente, muito dessa filosofia é baseado no bom senso, com um design *clean* e elegante que tem como objetivo aprimorar a harmonia entre os moradores e os cômodos da casa.

Vantagens de ser proprietário

Comprar a casa própria tem inúmeras vantagens, assim como algumas desvantagens. A seguir, veja as principais vantagens e desvantagens:

Personalização

As estruturas residenciais são desenhadas para atender e suprir as necessidades básicas dos seres humanos. Ser proprietário da casa possibilita que o morador personalize as estruturas e seus espaços do mais do que se o imóvel fosse alugado. A escolha da cidade e do bairro deve-se também a conveniências de acesso físico a escolas, ao trabalho e a outras atividades que facilitam a vida dos moradores.

Valorização do investimento

Os relatórios dos economistas indicam que os imóveis, no Brasil, tiveram uma valorização nominal de 27,82% em 2011, a segunda maior do mundo. Segundo pesquisa realizada pelo site *Global Property Guide*, que auxilia investidores na busca de imóveis ao redor do mundo, o Brasil ficou atrás apenas da Índia no ranking da variação dos preços dos imóveis. Imóveis sempre são uma opção de investimento porque os proprietários podem oferecer um adiantamento à vista e parcelar o resto, além de obter vantagens em sua comercialização, dependendo de local e estado do imóvel.

Tipos de propriedade

Residências com uma família

A maioria das pessoas mora em uma residência com sua família, em uma estrutura projetada para ser ocupada por um grupo único de pessoas. O imóvel fica separado de outras casas, sem ter nenhuma parede geminada. Os moradores têm o direito de usar a casa em si e muitas vezes a área comum em volta do imóvel, chamada terreno ou condomínio.

Casas geminadas em condomínio

A casa geminada em condomínio é similar à residência para uma família, com a diferença de que as paredes são geminadas, isto é, compartilhadas com as casas imediatamente vizinhas. Além disso, muitas vezes as áreas que cercam as casas também são compartilhadas. A vantagem é o custo, porque em algumas cidades o terreno é muito caro para que alguém possa adquiri-lo individualmente. A desvantagem é que os vizinhos são separados por uma parede única em vez de por um espaço livre. Muitas casas geminadas são sobrados com dois ou mais andares para maximizar a ocupação do terreno. Nesse tipo de condomínio, cada casa tem sua própria entrada.

Apartamentos em condomínio

Um apartamento em condomínio é ligeiramente diferente porque as áreas comuns do edifício são compartilhadas entre todos os vizinhos, como corredores, *hall* e recepção, área de lazer, garagem etc. O terreno em volta do prédio, incluindo o jardim, também pertence a todos os condôminos.

Tendências arquitetônicas

O design das casas costuma refletir as necessidades e as preferências de seus ocupantes. Também espelha os mais recentes materiais, normas e técnicas. Como esses elementos estão em contínua transformação, o estilo das construções residenciais também está sempre mudando. A seguir algumas tendências importantes no design de casas.

Casas ecológicas

Como os produtores e os consumidores estão cada vez mais atentos à limitada disponibilidade de recursos, aumenta o foco em casas e materiais de construção capazes de causar menos impacto ambiental. Além do design básico (terra, tora e domo) que é aprimorado pela tecnologia, todos os outros elementos arquitetônicos podem ser feitos de materiais recicláveis ou para ganhar eficiência energética. As fontes renováveis de energia (solar, eólica, hídrica) também estão sendo incorporadas às novas casas e às reformadas.

Pré-fabricadas

Antigamente, as casas eram construídas com os materiais disponíveis no local. De fato, os materiais, como a madeira, eram colhidos, beneficiados e entregues regionalmente. Hoje os materiais de construção viajam mais de 1.500 quilômetros antes de se tornarem parte de uma obra. A tendência mais recente é montar os componentes ou até casas inteiras em um local próximo às matérias-primas. Casas pré-fabricadas, por exemplo, são planejadas em duas ou três partes separadas e transportadas até o terreno no qual serão fixadas às suas fundações. Com o acréscimo de garagem, entrada, calçadas e jardins, fica difícil perceber a diferença entre uma casa construída tradicionalmente e uma pré-fabricada.

A vantagem principal das casas pré-fabricadas é o custo. É mais barato produzir casas onde uma fábrica conta com infraestrutura e o trabalho tem remuneração menor. Na verdade, a única preparação necessária para uma casa pré-fabricada é a execução da fundação (alicerce) para depois reunir em cima as partes do imóvel. Os sistemas estrutural, elétrico, hidráulico e de conforto estarão no lugar e prontos para a interconexão e o uso.

Reutilização de estruturas

Como os espaços disponíveis para novas casas estão diminuindo, muitos construtores e compradores passaram a considerar as estruturas já existentes para uma reutilização que permita algum tipo de adaptação. Por isso, terrenos com estruturas dilapidadas estão se tornando a base para novas casas. Velhas estruturas são reformadas e transformadas em novas residências. Até edifícios comerciais antigos são reformados para se tornarem imóveis multifamiliares.

Construção saudável

Infelizmente, algumas edificações podem provocar doenças em seus ocupantes. Os designers de residências estão cada vez mais atentos ao fato de a saúde humana ser afetada por materiais sintéticos. Os mais problemáticos são as tintas e os produtos que compõem as madeiras, pois usam como base aditivos químicos que podem ser tóxicos ou provocar reações alérgicas. A mais recente tendência em arquitetura saudável é evitar os plásticos, os laminados e as colas que produzem vapores tóxicos.

Resistência a intempéries

Em algumas regiões, o principal inimigo de uma casa são os fenômenos da natureza. Algumas casas têm de resistir à força dos ventos, umidade e ressacas do mar, e outras precisam resistir a movimentações no terreno. A última tendência em construção é erguer casas que suportem esses impactos com design inteligente e materiais com o melhor custo-benefício.

Espaços flexíveis

A única constante é a mudança. De modo geral, as necessidades dos moradores mudam mais depressa do que a capacidade de adaptação das casas. O que era um terceiro quarto transforma-se em sala de jogos. A garagem vira o escritório doméstico. Uma tendência recente na arquitetura residencial é, na verdade, uma ideia antiga: salas multiuso. Antigamente, muitas casas eram desenhadas com algumas salas que podiam ser facilmente adaptadas ao crescimento da família e à mudança de suas necessidades. Por exemplo, cozinhas e banheiros eram construídos sem a instalação de dispositivos. Despensa e armários eram unidades autônomas e podiam ser transferidos para outros cômodos de acordo com as necessidades do momento. Hoje, o design das casas incorpora esse conceito, por exemplo, quando possibilita que o escritório doméstico se transforme em sala de entretenimento multimídia.

Acessibilidade

O design universal é a mais recente tentativa de tornar as casas acessíveis a mais pessoas. Ao considerar que as pessoas têm tamanhos e capacidades diferenciadas, os designers conseguem planejar casas com dimensões, pisos, armários e dispositivos acessíveis a mais pessoas. As portas são mais largas, o parapeito das janelas é mais baixo e os armários são mais fáceis de alcançar.

Vida ao ar livre

Na maioria dos climas, a tendência da vida ao ar livre está crescendo. A arquitetura ecológica integra espaços abertos ao projeto da casa. Deques, quintais e jardins são incorporados ao térreo das residências. Cozinhas secundárias e até mesmo quartos são planejados em deques e pátios para ampliar a capacidade de habitação da casa.

Espaço de armazenagem

Os moradores exigem mais espaço de armazenagem em suas casas. De fato, os moradores de residências com área insuficiente de armários acabam abrindo mão de um quarto ou da garagem para guardar seus pertences. Como solução, existem os *closets* maiores nos quais uma pessoa pode até entrar, armários mais amplos, sistemas de eficiência em armazenagem doméstica e depósitos externos.

Harmonia energética

A tendência das casas modernas é a aplicação de ideias e filosofias de outras culturas. O *feng shui*, por exemplo, é uma antiga filosofia chinesa que está sendo integrada à construção dos imóveis atuais (veja a página 26).A *vastushastra* é uma antiga filosofia indiana que também vem sendo aplicada para harmonizar o design das casas. O objetivo das duas é remover os obstáculos para que a energia positiva possa fluir livremente nos espaços de convivência doméstica. Mais do que isso, a integração das ideias de outras culturas para viver e morar melhor nos oferece uma perspectiva mais harmoniosa.

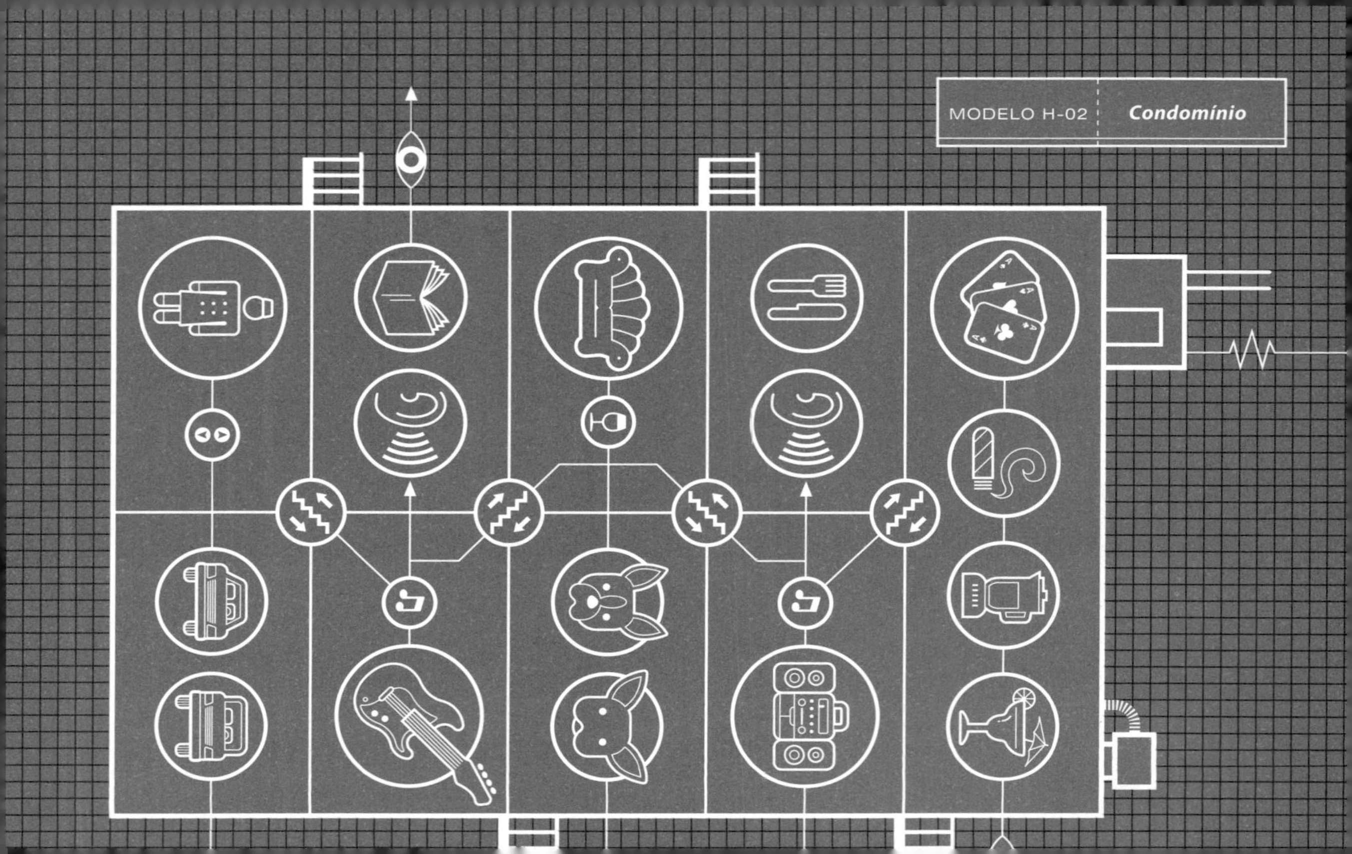
MODELO H-02
Condomínio

[Capítulo 2]

Instalação

Instalação dos moradores

Para a instalação da maioria dos aparelhos domésticos, é preciso colocar o equipamento em um local adequado e, então, prepará-lo para uso. Com as casas, porém, é diferente: por serem grandes e já estarem fixas no local, são os moradores que se instalam. Esse processo exige as seguintes etapas:

[**1**] Determinar as exigências dos ocupantes.

[**2**] Selecionar a residência adequada para atender a essas exigências.

[**3**] Adquirir a residência.

[**4**] Mudar para a casa nova.

O objetivo deste capítulo é apresentar o processo, as exigências e as opções para a instalação dos ocupantes em uma casa adequada.

⚠ ***CUIDADO!*** *A instalação inadequada dos ocupantes em uma residência ou a instalação dos moradores em uma residência inadequada pode causar dano às pessoas, aos relacionamentos e à saúde mental. Para obter os melhores resultados, siga cuidadosamente as instruções a seguir.*

Definição das necessidades dos moradores

Para identificar as necessidades específicas dos moradores em relação a uma casa, considere-os como um grupo. Analise as exigências

específicas por tipo, localização e condições do imóvel. Cada residência foi projetada e construída para atender às exigências de um perfil diferente de morador. Conseguir combinar com sucesso o perfil do grupo de ocupantes e o tipo do imóvel assegura o melhor desempenho para as duas partes.

Seleção do tipo

Existem três tipos básicos de residências (veja as páginas 27 a 28) que:

Residências para uma família têm espaço entre os imóveis vizinhos e, em geral, dispõem de uma área de quintal e jardins (página 38).

Casas geminadas em condomínio têm paredes compartilhadas com as casas imediatamente vizinhas; costumam ser sobrados com entradas independentes (página 39).

Apartamentos em condomínio compartilham paredes com os vizinhos; a entrada e a saída se dão por portas e corredores comuns (página 40).

As variáveis, portanto, são a proximidade dos vizinhos e a forma de acesso ao imóvel. Dentro de cada grupo, porém, existem diferenças que, às vezes, confundem essa separação por tipos. Por exemplo, algumas residências para uma família são construídas em terrenos tão pequenos que as portas dos vizinhos ficam a apenas alguns passos de distância. Outras casas são erguidas em lotes tão grandes — às vezes, medidos em hectares —, que não se pode nem imaginar onde fica a porta do vizinho.

Quando têm a opção, muitos ocupantes preferem casas que ofereçam maior privacidade: uma grande casa em uma área com terreno em volta.

(Figura A)
RESIDÊNCIA PARA UMA FAMÍLIA

(Figura B)
CASAS GEMINADAS EM CONDOMÍNIO

TIPOS DE RESIDÊNCIAS: as casas para uma família e geminadas oferecem fácil acesso ao nível da rua.

(Figura C)
CONDOMÍNIO

TIPOS DE RESIDÊNCIAS: em ambientes urbanos, os condomínios quase sempre são construídos em uma formação vertical.

No entanto, na maioria das regiões, o custo dos lotes é proibitivo, e os moradores fazem várias concessões, incluindo a proximidade com os vizinhos; e depois adotam outras medidas para melhorar a privacidade. Os moradores que cresceram em áreas densamente habitadas são mais propensos a fazer esse tipo de concessão.

Definição do uso

O espaço interno de uma casa pode ser dividido funcionalmente em:

Área de convivência: família e visitantes

Área de serviço: cozinha, banheiro, lavanderia

Área privativa: quartos, lazer

Área de trabalho: escritório, oficina da garagem

Área de circulação: entradas, corredores, escadas

DICA DO ESPECIALISTA: *ao analisar as exigências do grupo, faça a separação entre necessidades e desejos. A família pode desejar um* home theater *completo, mas só precisar de uma conexão de televisão a cabo em um canto da sala de estar e outra em um dormitório. A casa deve atender a todas as necessidades da família — inclusive as financeiras — antes de levar em conta os desejos de cada um.*

Para estabelecer as necessidades funcionais e de espaço dos ocupantes, avalie as diversas exigências das pessoas do grupo. A seguir, estão algumas perguntas que podem ajudar você a identificar as reais exigências de espaço:

- A preferência é por uma casa mais formal ou mais casual?
- Quantos quartos são necessários atualmente?
- Qual deve ser o tamanho do quarto principal?
- Algum dos quartos precisa ter um closet grande?
- Por quanto tempo os ocupantes mais jovens continuarão morando naquela casa e quais são suas exigências a curto prazo? Há exigências a longo prazo?
- Quantos banheiros são necessários? Próximos de quais quartos? Banheira, chuveiro, os dois ou nenhum?
- O grupo familiar prefere uma sala de estar grande para se reunir ou uma pequena desde que haja também uma sala de entretenimento separada?
- Que tipo de cozinha combina melhor com o estilo de vida dos moradores?
- É importante que haja uma grande lavanderia? Em caso positivo, deve ficar perto da área de convivência?
- A televisão, o som e o videogame são tão importantes para o grupo que devem ser instalados em uma sala de entretenimento separada?
- Quantas vagas de garagem são necessárias?
- De quanto espaço de armazenagem e armários internos a família precisa?
- Qual é a importância da privacidade para os moradores? E da segurança? E da convivência comunitária?
- Quanto tempo os ocupantes do imóvel costumam passar dentro de casa atualmente? Em que parte da casa? Fazendo o quê?
- Como as pessoas da família gostariam de passar o tempo na casa nova?
- De acordo com a localização da casa, quais são os confortos mais necessários e com a melhor relação custo-benefício?

No final, considere a futura utilização do imóvel. Quais mudanças podem ser antecipadas na vida do grupo de moradores? Será necessário mais um quarto para novos filhos? Os mais velhos irão em breve morar sozinhos? Os filhos que estão crescendo logo vão precisar de mais privacidade? Uma casa bem selecionada pode atender a requisitos antecipados sem a necessidade de substituição futura.

Escolha do local

Como a maioria das casas não é removível, a escolha da localização é importante. Na verdade, o preço de um imóvel depende muito de sua localização, especificamente da proximidade com centros empresariais, serviços comerciais e oportunidades de lazer. Se não fosse assim, compradores espertos escolheriam uma casa barata no interior e a mudariam para uma localização mais nobre no litoral.

Os três principais fatores para a escolha da localização de uma residência são conveniência, vizinhança e potencial de retorno do investimento.

Conveniência: assegure-se de que o imóvel selecionado seja o mais conveniente possível em termos de acesso aos locais de trabalho. É bastante complexo quando as pessoas da família trabalham em lugares distantes. Deve-se considerar também a proximidade de escolas (a curto e a longo prazos) e das outras obrigações fora de casa.

***DICA DO ESPECIALISTA**: para escolher a localização do imóvel a ser comprado, pegue um mapa e marque o lugar de todas as obrigações da família (trabalho, escola e convivência social). Adicione os lugares que podem variar por causa de mudanças no trabalho ou nos estudos. Identifique as principais obrigações em vermelho. Sinalize em azul as maiores vias de acesso a esses locais. Esse exercício ajuda a identificar as áreas mais convenientes para procurar o novo imóvel.*

Vizinhança: nova ou consolidada, a vizinhança compartilha recursos e benefícios que podem interessar, ou não, aos ocupantes de uma residência.

DICA DO ESPECIALISTA: *para identificar as características de uma vizinhança converse com quem já mora lá, fale com os corretores de imóveis e os comerciantes da região. Pergunte do que gostam e do que não gostam. Também veja os anúncios de imóveis nos jornais para perceber o perfil da vizinhança. Finalmente, passeie a pé pelas redondezas para entender o comportamento dos moradores do bairro.*

Potencial de retorno do investimento: dependendo da previsão de permanência no imóvel, o potencial do investimento pode ser decisivo. Por exemplo, comprar uma casa em uma vizinhança decadente pode não ser um bom investimento se você pretende ficar menos de dez anos com o imóvel. Nem tampouco comprar uma casa em um bairro em que os preços estão inflacionados. Como na escolha de ações, é preciso muita pesquisa para encontrar um bom negócio imobiliário. Mas diferentemente das ações, uma casa não se vende da noite para o dia.

DICA DO ESPECIALISTA: *a melhor fonte de informação sobre o preço histórico dos imóveis em determinado bairro são os serviços de um avaliador. Como alternativa, um corretor experiente pode lhe oferecer orientação sobre a tendência de desenvolvimento urbano de algumas vizinhanças. A diferença é que o avaliador cobra honorários e o corretor, não — pelo menos, não antes de fechar negócio. A gente sempre consegue aquilo que pode pagar.*

Análise das condições

O estado de conservação de um imóvel também é um fator importante na tomada de decisão de compra. As condições gerais indicam o estado da estrutura e também o custo e o trabalho que serão necessários para tornar o imóvel confortável e habitável para os novos moradores.

As condições de um imóvel podem ser: novo, pré-habitado ou malconservado. Os novos, obviamente, não precisam de reformas antes da mudança; basta que o primeiro morador faça a decoração a seu gosto. Os pré-habitados, claro, apresentam alguns sinais de uso prévio, mas não exigem nenhuma reforma grande. Os malconservados vão necessitar de reparos e correções importantes antes de se tornarem habitáveis novamente. O preço da casa escolhida deve refletir seu estado de conservação e os custos das reformas necessárias e inevitáveis.

⚠ ***CUIDADO!*** *A Regra Universal das Reformas determina que todos os projetos custam mais caro e levam mais tempo do que foi previsto.*

Casas novas

A vantagem desse tipo é que todos os dispositivos e equipamentos são novos, sem uso e estão prontos para personalização. Desvantagem: o custo da personalização do terreno e do imóvel pode acabar saindo bem alto.

Casas pré-habitadas

A maioria das casas ocupadas atualmente já foi pré-habitada, algumas com histórias de mais de cem anos e muitos moradores e projetos de reformas prévios. Vantagem: a casa é sólida e está em uma vizinhança consolidada. Desvantagem: como os dispositivos e equipamentos têm idades diferentes e estarão em diferentes estados de conservação, podem ocorrer gastos imprevistos com reparos e reformas.

Casas malconservadas

Algumas casas mais antigas mostram o adiamento contínuo de projetos de reformas e podem exigir reparos imediatos antes de ficarem habitáveis novamente. Vantagem: em geral, o preço de compra é baixo e, depois da correção dos problemas, o valor de revenda pode ser alto. Desvantagem: a economia inicial pode ser devorada pelo projeto de reforma, especialmente se for necessária a contratação de profissionais especializados.

Checklist antes da compra

Assim que as necessidades dos moradores forem identificadas, o futuro comprador deve visitar as casas potencialmente viáveis e fazer um *checklist*

ÁREA	VERIFICAÇÃO	CONDIÇÃO			
		Excelente	Bom	Razoável	Ruim
Sótão	Acessibilidade	○	○	○	○
	Construção	○	○	○	○
	Goteiras	○	○	○	○
	Isolamento	○	○	○	○
	Ventilação	○	○	○	○
Porão	Colunas	○	○	○	○
	Infiltração de água	○	○	○	○
	Mofo	○	○	○	○
	Paredes estruturais	○	○	○	○
	Traves	○	○	○	○
	Vigas	○	○	○	○
Fundações	Construção	○	○	○	○
	Cupim	○	○	○	○
	Goteiras	○	○	○	○
	Infestações	○	○	○	○
	Isolamento	○	○	○	○
	Piso	○	○	○	○
	Ventilação	○	○	○	○
Sistema Elétrico	Barramento terra	○	○	○	○
	Disjuntores	○	○	○	○

antes de efetivar a compra. Defina os elementos mais importantes para a família e, em cada casa visitada, avalie a funcionalidade e as condições.

ÁREA	VERIFICAÇÃO	CONDIÇÃO			
		Excelente	Bom	Razoável	Ruim
Sistema Elétrico (continuação)	Fiação	○	○	○	○
	Fusíveis	○	○	○	○
	Interruptores	○	○	○	○
	Luminárias	○	○	○	○
	Quadro de comando	○	○	○	○
Exterior	Calafetagem (vedação)	○	○	○	○
	Calçadas	○	○	○	○
	Calhas e algerozes	○	○	○	○
	Chaminé	○	○	○	○
	Cupim	○	○	○	○
	Degraus	○	○	○	○
	Deques	○	○	○	○
	Drenagem	○	○	○	○
	Entrada da garagem	○	○	○	○
	Garagem	○	○	○	○
	Grades e cercas	○	○	○	○
	Janelas	○	○	○	○
	Jardins	○	○	○	○
	Limpeza	○	○	○	○

ÁREA	VERIFICAÇÃO	CONDIÇÃO			
		Excelente	Bom	Razoável	Ruim
Exterior *(continuação)*	**Paredes**	○	○	○	○
	Portas	○	○	○	○
	Quintal	○	○	○	○
	Telas	○	○	○	○
	Telhado	○	○	○	○
	Varanda	○	○	○	○
Aquecimento e refrigeração	**Caldeira/forno**	○	○	○	○
	Conexões	○	○	○	○
	Controles	○	○	○	○
	Fonte de energia	○	○	○	○
	Isolamento	○	○	○	○
	Lareira	○	○	○	○
	Motores e ventiladores	○	○	○	○
	Sistema de distribuição	○	○	○	○
	Ventilação	○	○	○	○
Sistema de água quente	**Capacidade**	○	○	○	○
	Com ou sem tanque	○	○	○	○
	Condição	○	○	○	○
	Fonte de energia	○	○	○	○
	Reaquecimento	○	○	○	○
	Válvula de escape	○	○	○	○
Sistema hidráulico	**Condições de drenagem**	○	○	○	○
	Dispositivos (pias, vasos sanitários, torneiras)	○	○	○	○

ÁREA	VERIFICAÇÃO	CONDIÇÃO			
		Excelente	Bom	Razoável	Ruim
Sistema hidráulico ***(continuação)***	**Encanamento de esgoto**	○	○	○	○
	Estado do encanamento	○	○	○	○
	Fossa séptica e encanamento	○	○	○	○
	Linhas de drenagem	○	○	○	○
	Poço e caixas d' água	○	○	○	○
	Pressão da água	○	○	○	○
	Registros	○	○	○	○
Cômodos (verifique em cada um)	**Aquecimento**	○	○	○	○
	Armários	○	○	○	○
	Bancadas	○	○	○	○
	Closets	○	○	○	○
	Ferragens	○	○	○	○
	Forros	○	○	○	○
	Isolamento	○	○	○	○
	Instalações hidráulicas	○	○	○	○
	Interruptores	○	○	○	○
	Janelas	○	○	○	○
	Limpeza	○	○	○	○
	Paredes	○	○	○	○
	Piso	○	○	○	○
	Portas	○	○	○	○
	Tomadas	○	○	○	○
	Ventilação	○	○	○	○
	Ventilador de exaustão	○	○	○	○

A compra da casa

O processo de seleção de um imóvel pode ser uma tarefa difícil, especialmente para compradores sem experiência anterior. Felizmente, essa tarefa é bem divulgada e documentada.

Por meio de corretores de imóveis

Aproximadamente 85% dos negócios imobiliários residenciais são fechados com a ajuda do corretor de imóveis, profissional credenciado e legalmente autorizado a efetuar a transação mediante a cobrança de honorários.

DICA DO ESPECIALISTA: *o credenciamento do corretor não garante um bom negócio, mas indica uma atitude profissional na transação imobiliária.*

Geralmente, os honorários cobrados são baseados no valor final da venda do imóvel. Embora essas taxas sejam negociáveis e não possam ser fixadas por lei, a maioria dos corretores cobra 6% nas transações de imóveis residenciais e cerca de 10% nas transações envolvendo terrenos vazios. A competição local — ou a falta dela — pode determinar honorários mais altos ou mais baixos.

Como a transação de um imóvel residencial costuma envolver mais de um agente, esse honorário é repartido entre eles. A imobiliária recebe uma metade e a outra vai para o corretor, embora as condições locais de competição possam definir uma divisão diferente. A divisão final do honorário não é relevante para o comprador, mas indica o nível de remuneração recebido pelo corretor se e quando ele consegue fechar um negócio imobiliário.

Na maioria das transações residenciais, é o proprietário da casa quem realmente paga o honorário do corretor, tendo por base o preço recebido pelo imóvel. De fato, a imobiliária e o corretor são contratados por quem está querendo vender o imóvel. Isso é importante porque significa que todos os agentes envolvidos na transação são legalmente obrigados a trabalhar mais a favor do vendedor do que do comprador da casa. Mas, claro, sem o comprador não há negócio.

DICA DO ESPECIALISTA: *peça a seu corretor que lhe explique a legislação a respeito das responsabilidades de cada parte em uma transação imobiliária. Quanto mais profissionais e claras forem as respostas, maior a credibilidade do profissional.*

A escolha do corretor mais adequado pode ser um desafio. Alguns compradores selecionam a imobiliária com mais anúncios e placas de *Vende-se* na região. Outros escolhem um amigo ou parente que esteja trabalhando com corretagem. A melhor alternativa é ficar com quem conhece melhor o mercado imobiliário local e compreende as necessidades e as exigências da família compradora. Uma conversa rápida com o corretor revela muito sobre seu grau de conhecimento e sua atitude profissional.

A vantagem de usar um corretor é o conhecimento e a experiência que ele possui em legislação imobiliária, questões relativas à escrituração do bem, exigências para a transação, opções do credor, banco de dados dos imóveis disponíveis e negociação. A desvantagem é que o valor dessas habilidades está incluído no preço final da venda.

Direto com o proprietário

Um corretor credenciado não é um fator imprescindível na transação imobiliária. As questões legais podem ser administradas por um advogado e o credor se encarrega de lidar com a papelada financeira. Isso quer dizer que o candidato a dono de imóvel pode fazer a compra diretamente com o atual proprietário que não tenha contratado um corretor. Essas transações são chamadas de compra diretamente com o dono.

Esses imóveis podem ser encontrados pelo candidato a comprador: basta circular pela vizinhança escolhida, procurando placas que não envolvam imobiliárias no negócio. Além disso, os moradores também costumam colocar anúncios em jornais indicando que a transação é direta. O comprador pode ainda acompanhar as publicações especializadas no setor imobiliário ou procurar por oportunidades na internet.

DICA DO ESPECIALISTA: *se você encontrou um imóvel à venda diretamente pelo dono, mas prefere usar uma imobiliária, pergunte se ele pagaria os honorários de corretagem. Muitos concordam. Além disso, a maioria dos corretores costuma reduzir seus honorários quando a transação é levada para eles já fechada.*

Fechamento do negócio

O processo de aquisição de um imóvel pode ser complexo. Em muitos casos, realmente é. No entanto, a transferência de escritura de uma residência é tão simples como contar até três:

[1] O vendedor e o comprador concordam com os termos da transação.

[2] A escritura e o dinheiro são simultaneamente transferidos entre o comprador e o vendedor.

[3] O comprador toma posse da propriedade.

A complexidade está nas tarefas minuciosas do processo de negociação. Felizmente, existem serviços profissionais para lidar com os muitos detalhes de uma transação. O primeiro é chamado de *serviço de custódia*, que é uma terceira parte desinteressada que segue as instruções acertadas entre o vendedor e o comprador em relação ao Contrato de Compra e Venda. O contrato apresenta os termos da transação por *escrito*:

- Preço final do negócio e como o valor será pago.
- Descrição legal da propriedade e de quais direitos estão sendo transferidos.
- Condições (contingências) para financiamento, inspeção, avaliação e outras etapas da transferência.
- Quem paga por quais serviços (seguro, custódia, inspeções, financiamento).

DICA DO ESPECIALISTA: *uma busca pela escritura identifica todos os proprietários, financiadores e fiadores de um imóvel. O seguro é o serviço que garante que o vendedor tem o direito legal de transferir a posse de determinada propriedade. Na maioria das transações, os serviços de busca e seguro são pagos pelo vendedor.*

Caso haja corretores envolvidos no negócio, o contrato deve ter cláusulas para protegê-los e assegurar o pagamento de seus serviços.

Os serviços de custódia podem ser oferecidos pelo financiador, um advogado ou por uma agência custodiante. O comprador e o vendedor

devem estar de acordo sobre quem vai realizar o serviço e quem pagará os honorários. Na maioria das transações, os custos são divididos entre o comprador e o vendedor.

Pagamento da casa

A compra da casa própria costuma ser a maior transação financeira feita por uma pessoa. A maioria dos negócios é fechada com o apoio de uma instituição financeira que investe na capacidade que o proprietário tem de quitar o débito. Se não for quitado, o imóvel se torna propriedade da financeira.

À vista pode ser vantajoso

Embora a maioria das transações envolvendo imóveis residenciais precise de financiamento, muitos negócios são fechados à vista. Na verdade, "à vista, sujeito à garantia de um empréstimo" ou "à vista para quem é o vendedor". Como a maioria dos vendedores recebe à vista pelo bem (preço de venda menos os custos da transação e menos o que ainda devam do financiamento anterior), há pouca vantagem na negociação quando o comprador oferece "tudo à vista" por uma casa. Nesse caso, a única vantagem é que o negócio pode ser fechado muito mais depressa porque não fica dependendo da aprovação do pedido de financiamento. De acordo com a necessidade financeira do vendedor, um negócio todo à vista pode dar ao comprador uma pequena vantagem na negociação.

Financiamento convencional

Para a maioria das transações residenciais, é preciso financiamento. Se os fundos vierem de uma operação hipotecária, o financiamento é

considerado convencional. O comprador paga uma parte do valor total do imóvel, chamada de entrada, e a financeira entra com o restante.

Como a compra de um imóvel é um bom investimento financeiro, a maioria dos compradores contribui com uma entrada mínima. Por sua vez, a financeira quer estar certa de que o comprador arcará com as parcelas mensais e, por isso, prefere que a entrada dada seja a maior possível. Quanto maior o risco de inadimplência por parte do comprador do imóvel, maior será a taxa de juros cobrada no financiamento.

DICA DO ESPECIALISTA: *a maioria das instituições financeiras faz uso de um formulário padronizado de pedido de empréstimo imobiliário para tornar o processo mais ágil. Pegue um deles em uma agência e comece a estudá-lo: quanto mais preciso e acurado for o preenchimento, mais rápido o financiamento será aprovado.*

DICA DO ESPECIALISTA: *muitas financeiras utilizam o critério 28/36 para qualificar os tomadores de empréstimo. A parcela mensal de pagamento do financiamento (valor principal, juros, impostos e seguro) deve ser menor do que 28% da renda familiar total. Além disso, o total do pagamento mensal de dívidas não pode exceder 36% da renda familiar. Caso sua única dívida seja o financiamento do imóvel (o carro está quitado etc.), a parcela mensal do financiamento imobiliário pode ser de 36% da renda familiar.*

A entrada mais comum praticada atualmente nas transações residenciais fica entre 10% e 20%. Os financiadores preferem que os compradores deem uma entrada de pelo menos 20% do preço total. Caso contrário, costumam exigir que o comprador pague um seguro hipotecário.

DICA DO ESPECIALISTA: *desde já comece a conversar com seu atual banco sobre financiamento imobiliário para obter tratamento preferencial e melhores taxas. Provavelmente, você também receberá orientação sobre como funcionam as hipotecas e os financiamentos.*

Financiamento diferenciado

Por diversas razões, inclusive indisponibilidade de crédito, muitos compradores de imóveis residenciais escolhem fazer operações diferenciadas de financiamento. Como nesse caso as instituições financeiras assumem um risco maior, em geral, as taxas de juros são mais elevadas do que no financiamento convencional.

O modo mais comum da operação diferenciada é comprar um imóvel financiado pelo próprio vendedor. A vantagem para o vendedor é que a taxa de juros pode ser mais alta do que o rendimento oferecido em aplicações financeiras tradicionais. A vantagem para o comprador são as exigências mais brandas para a liberação do dinheiro e a possibilidade de que a entrada pedida seja menor do que no financiamento convencional. Os contratos de financiamento imobiliários são populares em muitas cooperativas imobiliárias. O vendedor é também o agente financiador.

Hora da mudança

A propriedade de um imóvel residencial está legalmente transferida quando é registrada em cartório. Feito esse registro, o agente de custódia providencia o pagamento do antigo proprietário, do corretor e dos outros agentes envolvidos na transação, conforme determinado no contrato. Até esse momento, a propriedade do imóvel ainda é do

vendedor, e o comprador não pode ocupá-lo a menos que haja no contrato algum tipo de deliberação *por escrito* nesse sentido.

O próximo desafio dos novos moradores da casa é a mudança. Diversas opções estão disponíveis:

Empresas de mudança

A maioria das empresas locais é representante de grandes redes de serviços de mudanças. A empresa local empacota os pertences do dono e os leva para o imóvel novo — se for dentro de sua área de atuação. Caso contrário, prepara e empacota tudo e entrega para uma transportadora com abrangência estadual ou nacional — nesse último caso, em caminhões capazes de percorrer longas distâncias.

O processo de utilização de uma empresa de mudança é o seguinte:

[**1**] Entre em contato com o representante local para agendar uma avaliação do custo do serviço.

[**2**] Reveja o orçamento e assine a ordem de mudança.

[**3**] Prepare-se para o dia de empacotamento.

[**4**] Prepare-se para o dia de desempacotamento.

Dependendo do tempo requerido pela transação de compra da casa e da proximidade entre o imóvel atual e o novo, as empresas de mudança preferem ser avisadas com duas a quatro semanas de antecedência. Quanto mais tempo, melhor. Se o prazo for curto, o preço sobe. Nos períodos em que as mudanças são mais frequentes, como no verão, garanta

algumas semanas a mais porque as equipes podem estar sobrecarregadas. Caso seja necessário, os pertences podem ser empacotados com antecedência e armazenados para só depois serem entregues na casa nova.

Mudança sem transportadora

Moradores de casa de primeira viagem, que saem de apartamentos pequenos, podem optar por fazer a mudança sozinhos, contratando um caminhão de aluguel e uma equipe amadora de empacotamento. A vantagem é o custo mais baixo. A desvantagem é o potencial de danos que podem ser causados pela inexperiência. O aluguel de caminhonetes, reboques e outros equipamentos pode ser feito em empresas especializadas. Fique atento porque, às vezes, o preço baixo do aluguel não inclui a quilometragem rodada com caminhões e caminhonetes. Muitas empresas de aluguel também dispõem de caixas e outros acessórios para mudanças.

Para se mudar sem transportadora especializada, o processo é o seguinte:

[1] Livre-se de todos os pertences que não vale a pena transportar.

[2] Relacione e estime o tamanho de tudo o que vai levar, fazendo um cálculo aproximado em metros cúbicos.

[3] Compre ou alugue todos os materiais necessários para a mudança e certifique-se de que poderá devolver as sobras não utilizadas.

[4] Empacote e reúna todos os pertences, bens e objetos.

[5] Escolha o veículo adequado para a mudança, comparando a opção de fazer múltiplas viagens e o valor da quilometragem.

[6] Reúna a equipe amadora de mudança, conforme o tamanho da necessidade.

[7] Saia da casa antiga e siga para a nova.

[8] Entre e desempacote tudo.

Pacote de serviços personalizados

As grandes cidades também dispõem de empresas que oferecem pacotes personalizados de serviços de mudança. Veja se a sua cidade oferece essa opção, consultando a lista telefônica ou a internet. Para mudanças de longa distância, por exemplo, existem empresas que oferecem contêineres: o cliente empacota e acomoda seus pertences ali, e um veículo da companhia faz o transporte. Todos os serviços personalizados equilibram custo e esforço.

De malas prontas

A mudança física para uma nova casa sempre requer alguns ajustes emocionais. Especialmente quando essa mudança envolve famílias com crianças pequenas, o processo pode causar imprevistos. Tente se assegurar de que todos os integrantes da família estejam confortáveis com as mudanças física e emocional. Logo ao chegar à nova casa, procure unir-se rapidamente a grupos comunitários, religiosos e sociais.

Gótico vitoriano
MODELO H-03
C
H

[Capítulo 3]

Partes e Serviços

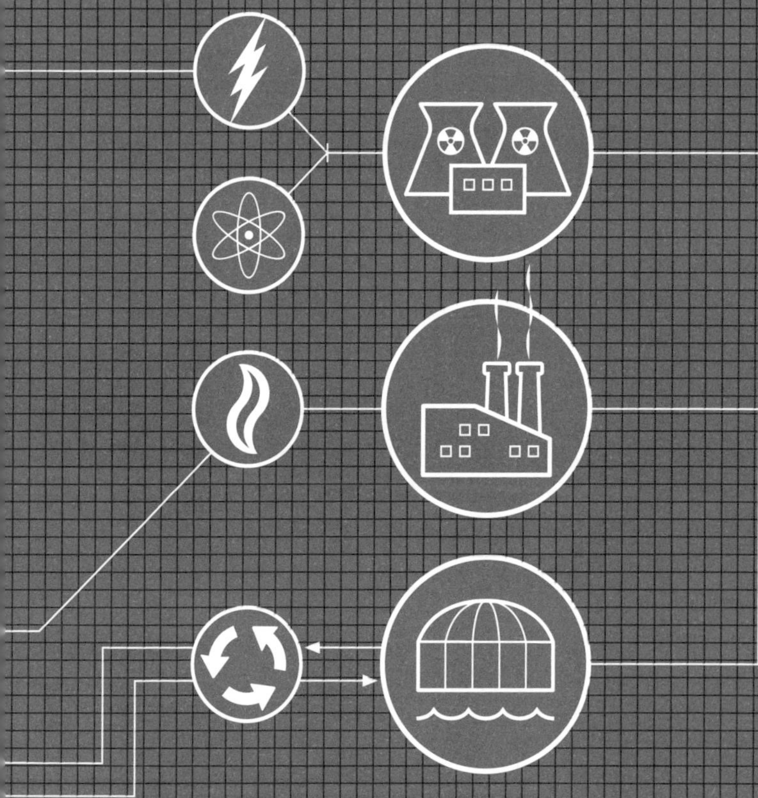

Necessidade de abrigo

A função principal de um imóvel residencial é abrigar seus ocupantes. A função secundária é oferecer espaço e energia para os equipamentos que dão apoio e facilitam a vida. Todas as casas têm funções idênticas; então, as partes e os serviços são padronizados. As partes e os serviços de uma residência típica incluem os sistemas estrutural, elétrico, hidráulico, o aquecimento e a refrigeração (veja as páginas 15 a 20). As ferramentas, os materiais e as questões de segurança também são importantes para o proprietário.

Estrutural

A parte estrutural de uma casa é formada pelos componentes que oferecem abrigo. Esses componentes incluem fundação, pisos, escadas, paredes, forro e telhado. Os componentes secundários são as portas e as janelas.

Fundação

A fundação de uma casa é a parte de suporte que fica abaixo do primeiro piso. Isso inclui o alicerce que fixa a casa ao chão assim como as paredes estruturais (de sustentação) que apoiam o piso e outros elementos acima delas. A maioria das fundações residenciais é feita de concreto e conta com o reforço de vergalhões. A fundação distribui equilibradamente o peso da construção para dar estabilidade ao imóvel.

Muitas casas contam com um espaço abaixo do piso térreo para ventilação e para possibilitar a realização de serviços elétricos, hidráulicos e em outros sistemas. Se esse espaço é alto o bastante para uma pessoa conseguir ficar em pé, é chamado de *porão ou espaço de serviço*. Se o porão tem piso e paredes com revestimento, é chamado de porão habitável. Como as ondas de calor sobem, algumas residências são construídas com um sistema de aquecimento no porão.

Pisos

O piso é a superfície horizontal que forma a base dos andares de uma casa. A maioria dos pisos residenciais é feita em três camadas: estrutura, subpiso e piso. A estrutura do primeiro piso fica acima da fundação e é montada com traves de madeira unidas por pregos e chapas de metal. A estrutura do piso também distribui equilibradamente o peso da construção sobre a fundação. Materiais de revestimento — como carpete, laminados de madeira ou cerâmica — são instalados sobre o subpiso.

O revestimento do piso pode ser mudado pelo proprietário ou por instaladores profissionais. Esses materiais duram geralmente entre dez e vinte anos, dependendo do tipo, da qualidade e do uso. Algumas superfícies do piso, como os laminados de madeira maciça, podem ser periodicamente renovadas com lixamento. Os carpetes, que são mais absorventes que outros materiais, precisam de limpeza mais frequente e completa.

Escadas

Como todos sabem, as escadas são uma sequência de degraus que conectam um ambiente a outro. Cada degrau é formado pela parte horizontal de apoio e pela parte vertical, que é chamada de pé. Com três ou mais degraus, essa conexão entre ambientes já passa a ser denominada *escada*, com dimensões padronizadas de altura, largura e profundidade para facilitar a circulação das pessoas.

A maioria das escadas internas tem estrutura, subpiso e acabamento. As escadas externas, em geral, não têm acabamento.

Paredes

A parede é uma estrutura vertical que separa, divide e suporta um imóvel ou um ambiente. Quando uma parede aguenta o peso de outras partes da construção, é chamada de *parede estrutural* ou *de sustentação*. Caso contrário, é chamada de parede divisória. A importância dessa diferença para um proprietário é que a parede divisória pode ser facilmente movida ou removida no caso de uma reforma.

Os componentes de uma parede são a estrutura e o acabamento ou revestimento. A estrutura é composta de vigas e elementos horizontais chamados de *painéis* ou *chapas*. O espaço entre as vigas nas paredes de sustentação, em geral, é de 41 centímetros. Nas paredes divisórias, de 61 centímetros. É importante saber esse espaçamento na hora de pendurar quadros ou objetos pesados nas paredes.

O acabamento das paredes das casas construídas atualmente costuma ser de gesso cartonado — um sanduíche de duas placas de gipsita revestido com papel de parede bastante resistente. As placas têm 1,20 m de largura por 2,40 m, 3 m ou 3,60 m de comprimento. As placas maiores são utilizadas por instaladores profissionais. As bordas mais longas são um pouco cônicas e podem ser unidas perfeitamente com fita de *drywall* e gesso.

Os imóveis mais antigos podem ter paredes feitas de ripas e gesso. As ripas são tiras de madeira fina, pregadas diretamente às vigas e com algum espaço entre elas. A massa de gesso é espalhada sobre as ripas, preenchendo os espaços e aderindo a elas. Uma segunda camada é aplicada para deixar o acabamento mais liso. A instalação das ripas e do gesso requer mais habilidade e esforço do que as placas de gesso cartonado; portanto, quando as casas antigas são reformadas, a substituição das ripas deve ser feita. Os moradores dos imóveis precisam saber como fazer pequenos reparos nos dois tipos de superfícies de paredes (veja a página 95).

No Brasil, o tipo mais comum nos imóveis são as paredes de alvenaria. Em geral, elas são feitas de blocos ou tijolos de cerâmica unidos por massa de cimento, areia, cal e água. Nesse tipo de parede, o que confere sustentação são colunas e vigas, em geral feitas de concreto e barras de ferro.

Antes de fazer o revestimento das paredes, os construtores instalam os componentes de outros sistemas, incluindo fiação elétrica, caixas de luz, canos e dutos de aquecimento e refrigeração (veja a página 74) entre as vigas.

Portas e janelas

As portas possibilitam que os ocupantes do imóvel circulem entre dois cômodos, mas que eles fiquem separados. As portas externas geralmente são grandes e sólidas. As portas internas são menores, mais frágeis e, às vezes, ocas. As ferragens da porta facilitam a mobilidade ou evitam que a porta abra e feche sozinha. Por serem componentes simples, as portas podem ser facilmente conservadas pelo proprietário do imóvel (veja a página 128).

As janelas permitem a passagem e o controle de luz e ar no ambiente. Existem janelas basculantes de folha única que abrem só a parte inferior e também as janelas com caixilhos e folhas duplas que abrem lateralmente. Os vidros de alguns modelos podem ser facilmente trocados pelos moradores.

Forros

Os forros são paredes horizontais e, por isso, também incluem estrutura e revestimento. A estrutura é parecida com a do piso e mais forte do que a das paredes, já que suporta os andares acima e até o telhado. O revestimento é semelhante ao das paredes com ripa e gesso ou gesso cartonado, só que mais grosso para evitar que ceda. Antes de instalar o acabamento, os construtores encaixam a fiação elétrica, caixas de luz, canos e dutos de aquecimento e refrigeração nos forros.

Telhados

O telhado da casa dá cobertura externa e acabamento. Dependendo das condições do clima local, o grau de inclinação (ângulo) do telhado é definido para evitar o acúmulo de chuva ou neve. Os componentes do telhado são estrutura, acabamento e cobertura. A moldura é feita com diversos elementos de madeira com nomes diferentes, conforme suas funções. O revestimento, em geral, é feito de pranchas de madeira colocadas sobre a estrutura. Finalmente, a cobertura é instalada depois que o revestimento recebe uma camada protetora contra umidade.

DICA DO ESPECIALISTA: *o estrago mais comum em telhados é causado por calhas e algerozes entupidos que possibilitam o acúmulo de água e a formação de goteiras.*

O escoamento de água do telhado é feito pelas calhas que se comunicam com os algerozes e levam o líquido para o chão ou para poços dentro do solo. Como não existem partes móveis, a manutenção e os reparos são mínimos.

Elétrico

O sistema elétrico distribui energia pela casa. Os principais componentes são o quadro de comando, os disjuntores e fusíveis, a fiação, os interruptores, as tomadas e as luminárias.

O quadro de comando é o ponto de entrada da eletricidade no imóvel. Uma conexão com a companhia distribuidora de energia possibilita que seja medido o consumo de energia da casa. De lá, a energia é conduzida aos circuitos específicos que, nas residências modernas, costumam ser entre vinte e trinta. Cada circuito pode servir um ou mais dispositivos como tomadas, interruptores ou luminárias.

Uma luminária é um dispositivo que usa eletricidade. Um lustre no forro, por exemplo, é uma luminária. Os aparelhos maiores devem ser plugados em uma tomada com circuito exclusivo sem outros dispositivos puxando energia de lá. Outros circuitos podem ter tomadas múltiplas que atendam simultaneamente diversos dispositivos e aparelhos.

Circuitos elétricos são planejados dentro de limites. Se o uso simultâneo de aparelhos em um circuito demandar mais eletricidade do que o previsto no projeto, os fios vão esquentar. Para evitar essa situação insegura, cada circuito tem um limitador, seja um disjuntor ou

fusível, que impede que o excesso de energia continue a passar pelos fios. Quando sobrecarregado, o disjuntor cai ou desliga automaticamente, enquanto o fusível derrete. Assim que o problema for resolvido, o disjuntor pode ser religado ou o fusível pode ser trocado.

DICA DO ESPECIALISTA: *todo proprietário de imóvel deve ter um multímetro e saber como usá-lo para testar os circuitos elétricos e seus dispositivos. Esses aparelhos são baratos e trazem instruções para seu uso seguro.*

A quantia de eletricidade usada em um circuito é medida em amperes (A). Todos os dispositivos e aplicativos trazem uma indicação de quantos amperes usam e o limite de um circuito específico está marcado no disjuntor ou fusível. A maioria dos circuitos residenciais está limitada para uma carga de quinze, vinte ou trinta amperes cada. Alguns equipamentos maiores, como o fogão elétrico, podem precisar de amperagem mais alta nos circuitos e nos disjuntores ou fusíveis.

Um importante elemento elétrico é o controle ou o interruptor que liga (fecha o circuito) ou desliga (abre o circuito). A maioria dos interruptores é simples (dois polos), o que significa que o dispositivo só pode ser ligado e desligado em um único local. Existem também os interruptores chamados de chave-hotel (três polos) que permitem, por exemplo, que uma luminária seja ligada na sala e desligada no quarto. A chave-hotel com quatro polos possibilita que uma luminária seja controlada de três lugares diferentes e é mais usada para corredores. O *dimmer* permite controlar progressivamente o fluxo de eletricidade no circuito até uma luminária.

A fiação é a estrada por onde passa a eletricidade. Quanto mais grosso for o fio, mais carga elétrica ele suporta, isto é, maior a bitola, maior a capacidade e mais segura a transmissão da eletricidade. Os fios com bitolas mais grossas também costumam ser mais caros. Pela

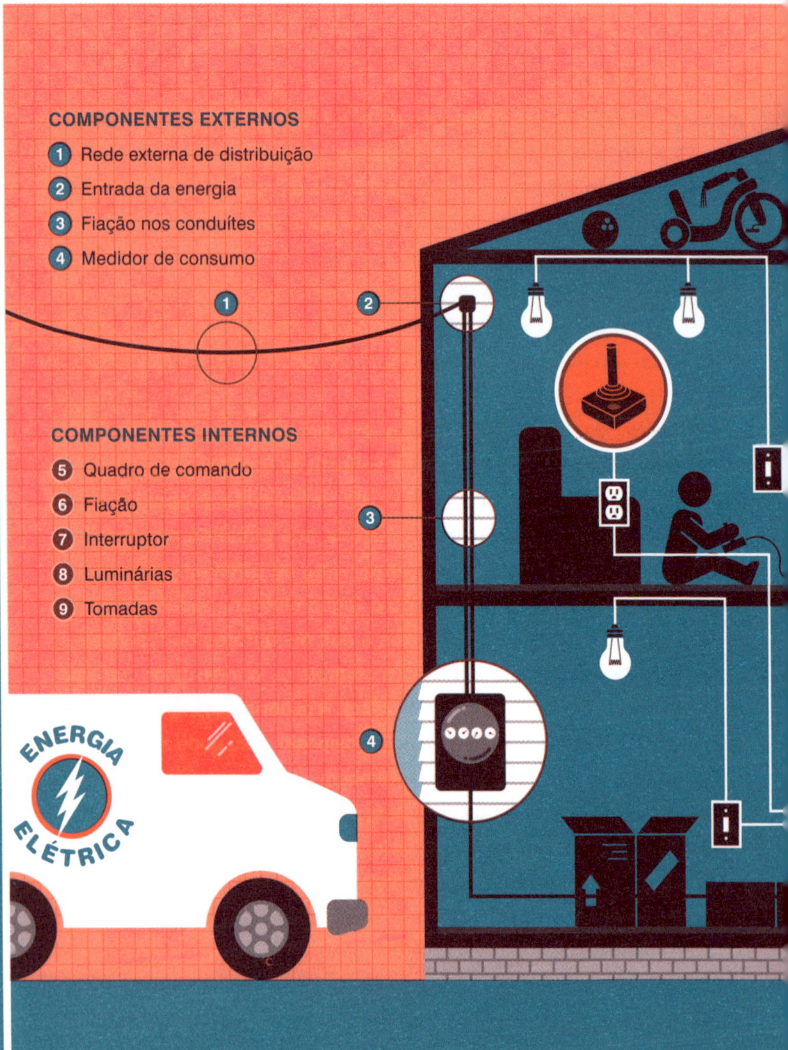

COMPONENTES DO SISTEMA ELÉTRICO: A eletricidade é distribuí

ela casa pelos fios até chegar a tomadas, interruptores e luminárias.

classificação AWG (American Wire Gauge), também usada no Brasil, fios mais grossos têm numeração menor: assim, um fio 10 é mais grosso que um fio 16.

Por fim, um fio é ligado a uma tomada para receber energia e fazer funcionar um aparelho. As tomadas mais modernas têm três pinos: dois polarizados e um terra.

⚠ ***CUIDADO!*** *Nunca modifique os pinos de um plugue para conseguir fazê-lo encaixar em uma tomada que não foi desenhada para ele.*

Encanamentos

O sistema hidráulico distribui água limpa pela casa e remove a água suja. Por razões relacionadas à saúde, essas duas funções são realizadas por dois sistemas separados: o de água limpa e o de esgoto. O mais comum nos Estados Unidos é o sistema de esgoto chamado DWV, acrônimo para drain (drenar), waste (sujeira) e vent (exaustão): os líquidos sujos e os dejetos são levados para o sistema de esgoto, e os gases e vapores sobem por um sistema de exaustão até a saída no telhado.

A água limpa é distribuída até a casa pela empresa de saneamento ou direto de um poço ou nascente particular. Se for comprada da empresa de distribuição, o consumo de água é medido por um aparelho. Entre o medidor e os encanamentos da casa existe um registro principal que pode impedir a água de entrar no restante do sistema. Esse registro é útil quando for preciso consertar vazamentos.

As torneiras controlam o fluxo de água quente e fria. Os dispositivos de água fria (pia, vaso sanitário) em geral têm por perto um registro para desligar a água quando é necessário fazer a troca ou um conserto.

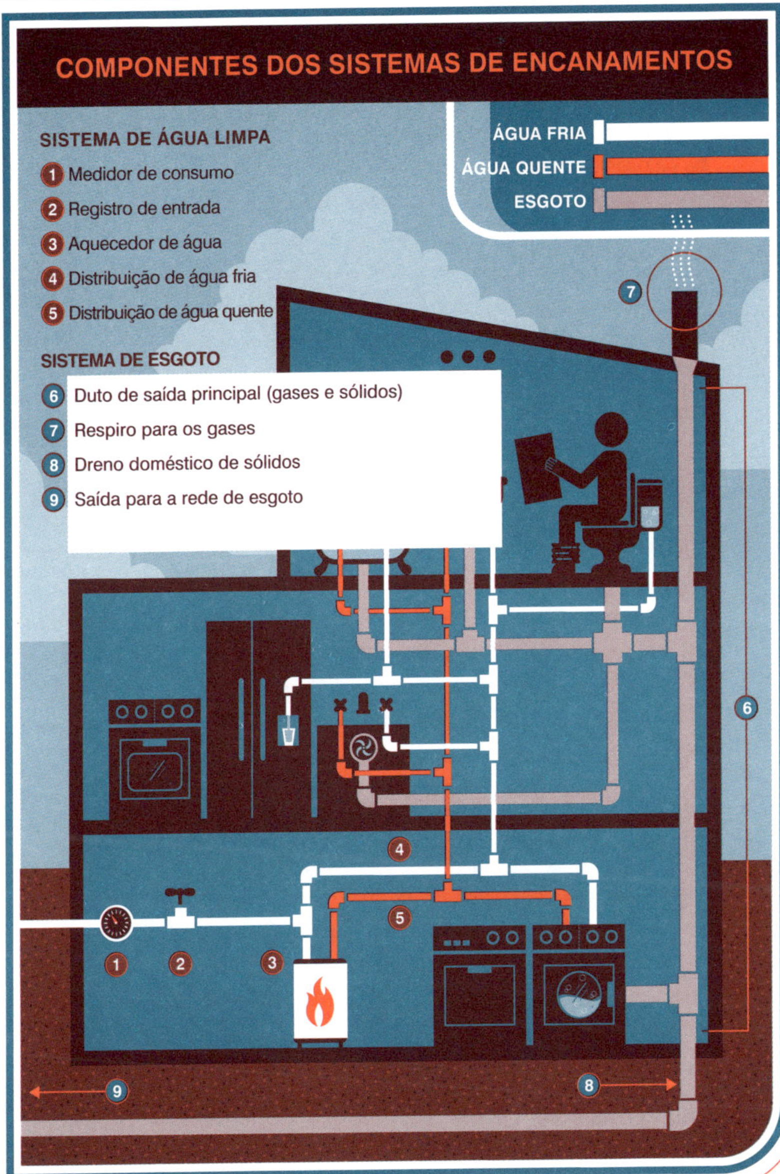
COMPONENTES DOS SISTEMAS DE ENCANAMENTOS
SISTEMA DE ÁGUA LIMPA
1 Medidor de consumo
2 Registro de entrada
3 Aquecedor de água
4 Distribuição de água fria
5 Distribuição de água quente
SISTEMA DE ESGOTO
6 Duto de saída principal (gases e sólidos)
7 Respiro para os gases
8 Dreno doméstico de sólidos
9 Saída para a rede de esgoto
ÁGUA FRIA
ÁGUA QUENTE
ESGOTO
7
6
4
5
1
2
3
9
8

DICA DO ESPECIALISTA: *para identificar se um encanamento é de água fria ou quente, toque cuidadosamente o cano para avaliar a temperatura relativa. Nas torneiras, a da esquerda costuma ser a da água quente.*

Existem diversos tipos de torneiras no que se refere ao mecanismo de operação. Quando têm duas alavancas (quente e fria) que devem ser erguidas para ligar a água, são chamadas de torneiras com *válvula de compressão*. Quando as alavancas (quente e fria) precisam ser abaixadas para ligar a água, são *torneiras de compressão reversa*. E, quando têm uma única alavanca para ligar a água quente e a fria, são torneiras com cartucho esférico. Em geral, as torneiras de área externa são de compressão e apenas para água fria.

Os encanamentos de esgoto incluem uma instalação abaixo das pias, chuveiros e banheiras para que os gases e seus odores não retornem para dentro da casa, o sifão e o ralo sifonado. Os vasos sanitários já vêm com um dispositivo interno com essa função. O sistema de esgoto inclui ainda uma caixa de gordura geralmente instalada fora da fundação da casa e que pode ser retirada para a limpeza dos dejetos, sempre que for necessário.

Aquecimento

O aquecimento doméstico inclui uma fonte de calor e um sistema de distribuição. No Brasil, apenas algumas casas nas regiões mais frias possuem um sistema interno de aquecimento.

As principais fontes de aquecimento são caldeiras/fornos que podem consumir carvão, eletricidade, gás, óleo ou madeira. Além disso, há também lareiras, bombas de calor e aquecedores elétricos ou solares. Algumas dessas fontes aquecem diretamente o ar dentro da

SISTEMAS DE AQUECIMENTO E DE REFRIGERAÇÃO

(FIGURA A)

Componentes do sistema de aquecimento

1. Fonte de calor
2. Ventilador para distribuição
3. Caixa *plenum* (coletor)
4. Difusores
5. Duto de retorno

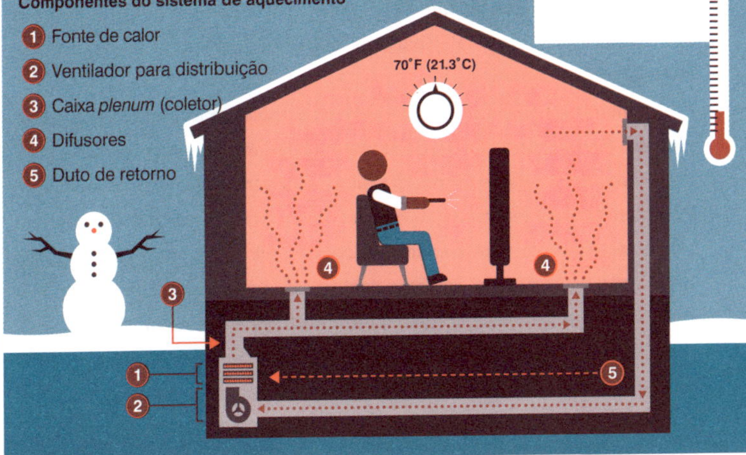

(FIGURA B)

Componentes do sistema de refrigeração

1. Condicionador do ar (refrigerador)
2. Linhas do sistema de refrigeração
3. Ventilador para distribuição
4. Caixa plenum (coletor)
5. Difusores
6. Duto de retorno

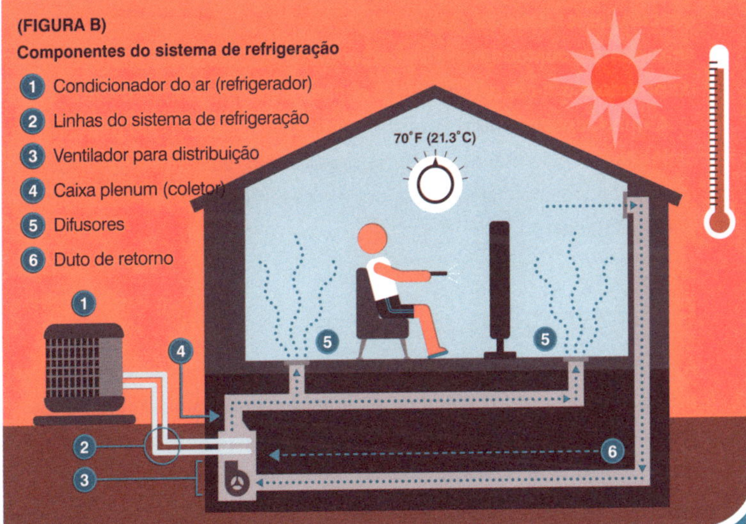

casa, enquanto outras transferem calor para um líquido, por exemplo, água, ou outro material que esquenta o ar. A eficiência do sistema é diretamente proporcional à escolha adequada e à manutenção correta da unidade de aquecimento.

O calor é distribuído naturalmente pelo movimento ascendente do ar quente, por ventiladores ou pela distribuição forçada que espalha o ar quente através de *dutos* largos. O sistema de distribuição forçada, em geral, inclui um mecanismo para que o ar retorne à fonte de calor e seja reaquecido e redistribuído. Também contam com um filtro para reter partículas em suspensão no ar. Alguns sistemas de distribuição forçada também dispõem de um sistema de ionização para filtrar partículas ainda menores.

Entre os principais componentes da fonte de calor estão o queimador de combustível e seus controles. O combustível (gás ou óleo) chega ao queimador por um controlador ou manualmente pelo operador. O controlador mede a temperatura ambiente e compara com aquela que foi definida pelo operador. Se a temperatura estiver abaixo, entrará mais combustível no queimador. Se estiver mais alta, o controlador detém o fluxo de combustível para o queimador.

Alguns reparos nos sistemas de aquecimento precisam de técnicos capacitados. No entanto, os moradores podem realizar manutenção em muitas funções do sistema, seguindo o passo a passo apresentado nas páginas 106 a 114.

Refrigeração

A refrigeração doméstica inclui uma fonte de frio e um sistema de distribuição. O ar frio é distribuído naturalmente pelo movimento descendente do ar, por ventiladores ou por um sistema de distribuição forçada — o mesmo que distribui calor no outono/inverno.

As principais fontes de frio incluem condicionadores de ar, refrigeradores por evaporação e bombas de ar. O ar-condicionado é uma unidade que refrigera o ar fazendo-o passar por uma serpentina fria. O refrigerador por evaporação passa o ar por uma névoa de água para esfriá-lo e umidificá-lo. A bomba, por sua vez, remove o calor do ar.

Os componentes do sistema incluem a unidade de refrigeração e seus controles. Alguns reparos nos sistemas de refrigeração precisam de técnicos capacitados. No entanto, os moradores podem realizar manutenção em muitas funções do sistema, seguindo o passo a passo apresentado nas páginas 106 a 114.

DICA DO ESPECIALISTA: *o problema mais comum das unidades de refrigeração doméstica é o bloqueio das aletas do sistema causado por sujeira nos filtros ou pela ação de pequenos animais invasores.*

Segurança

Para manter seus ocupantes seguros, as residências contam com aparelhos instalados ou mesmo com sistemas completos.

O sistema de segurança é um conjunto de sensores elétricos projetados para disparar um alarme caso alguém tente ter acesso à residência sem autorização. Os sensores são instalados em locais estratégicos do imóvel para verificar continuamente a presença de estranhos, enviando o resultado dessa inspeção para a unidade de controle central. Essa unidade central monitora o status de todos os sensores e, se reconhece uma situação de insegurança, ativa um alarme audível ou disca automaticamente um número de telefone para chamar socorro.

DICA DO ESPECIALISTA: *os sistemas de segurança mais recentes incluem dispositivos mais sensíveis que possibilitam minimizar falsos alarmes. Para se informar especificamente sobre isso, os moradores podem consultar os manuais dos alarmes.*

Outros componentes do sistema de segurança são as travas e fechaduras de portas e janelas. As travas mantêm as portas fechadas e são acionadas por chaves ou botões. A fechadura é um dispositivo que faz com que portas ou janelas permaneçam fechadas. As portas que dão para o exterior têm sempre os dois dispositivos: fechadura e trava. Procedimentos simples de manutenção (veja a página 91) podem manter travas e fechaduras funcionando com segurança por muitos anos.

Benefícios da manutenção

Os reparos domésticos são necessários quando algum dano ocorre em um desses sistemas. Como a maioria dos componentes de uma casa é projetada para operar bem *desde que os componentes sejam corretamente usados e mantidos*, a chave para reduzir custos e diminuir o tempo dos consertos é fazer a manutenção dos sistemas. No Capítulo 6, serão abordados os reparos de emergência. Mais importantes, porém, são os Capítulos 4 e 5, que detalham os procedimentos de manutenção interna e externa que todo proprietário pode realizar. Todas as ferramentas e os materiais necessários para fazer essas tarefas de manutenção estão disponíveis em lojas especializadas.

Materiais de manutenção

Estruturais

As pranchas são a madeira cortada em tamanhos específicos. Nos Estados Unidos, uma prancha deve ter mais que 5 cm de largura e menos que 5 cm de espessura. As pranchas têm de 5 cm a 13 cm de espessura. As toras têm mais do que 5 cm de espessura. O tamanho das pranchas é expresso pela dimensão nominal, que se refere à madeira antes de ser beneficiada e aplainada. Por exemplo, uma viga com dimensão nominal de 5 cm por 10 cm vai medir realmente 4 cm por 9 cm, apesar de ser chamada de 5 x 10.

Os painéis de paredes estão disponíveis com 1,20 m de largura e comprimento que pode ser de 2,40 m, 3,00 m ou 3,60 m, dependendo da aplicação. Os mais finos, com 0,6 cm, são usados como forro nas paredes. Os painéis com 1,25 cm de espessura são mais comuns nas paredes que serão pintadas depois. Os forros são usualmente construídos com painéis de 1,5 cm. Esses painéis também podem ser chamados de *drywall*, gesso cartonado ou parede de gipsita.

⚠ ***DICA DO ESPECIALISTA:*** *os estragos nas paredes podem ser consertados com kits de reparos que incluem remendos de gesso e tecido disponíveis nas lojas de materiais de construção. Os buracos menores nas paredes podem ser arrumados com remendos de gesso* *(veja a página 95)**.*

A maioria dos moradores não precisará substituir o madeiramento ou os painéis das paredes, mas pode haver necessidade de se realizar alguns reparos e, por isso, é preciso conhecer os materiais disponíveis.

Elétricos

Em geral, os moradores precisam substituir disjuntores, fusíveis, interruptores, tomadas e luminárias.

CUIDADO! Para ter certeza de que pode mexer no sistema elétrico, antes de fazer qualquer reparo ou substituição, desligue a chave geral no quadro de comando.

Os componentes elétricos são classificados pela amperagem (A). Os disjuntores e fusíveis são claramente separados por essa classificação e devem ser sempre trocados pela amperagem correta. Tomadas e interruptores costumam ser vendidos em caixas que vêm junto com instruções para a instalação (veja a página 96). Os moradores da residência devem levar um exemplar antigo à loja de material de construção para comprar o substituto exatamente igual.

A troca de dispositivos, como luminárias e ventiladores de teto, é mais complexa por causa da seleção e da instalação do produto. Embora a maioria venha com manual de instruções impresso, ele deve ser lido ainda na loja, antes de a compra ser realizada.

Encanamentos

O sistema hidráulico é formado por canos e dispositivos. Os canos de água fria, em geral, têm 2,5 cm ou um pouco menos de diâmetro. Os canos de saída para o esgoto variam entre 3,8 cm e 7,6 cm de diâmetro — portanto, é relativamente fácil fazer a diferenciação entre as duas redes de água (limpa e esgoto). Os materiais usados nos canos de água limpa podem ser: latão, cobre, aço galvanizado ou plástico (PVC — policloreto de vinila). No de esgoto, ferro fundido ou PVC.

Os dispositivos do sistema hidráulico incluem vasos sanitários, bidês, pias, banheiras, chuveiros e torneiras. Esses dispositivos têm medidas padronizadas para tornar a substituição mais fácil. Os moradores devem se certificar de que sabem o tamanho correto de qualquer componente que precisem trocar. Na hora de fazer a compra, se possível, leve à loja de materiais de construção os dispositivos originais (pequenos) ou o manual de instalação dos maiores.

DICA DO ESPECIALISTA: *quando comprar dispositivos hidráulicos para substituir em casa, guarde a embalagem e todos os folhetos, caso seja necessário devolver a peça na loja de materiais de construção.*

Aquecimento e refrigeração

Em geral, os sistemas de aquecimento e de refrigeração não podem ser reparados pelo proprietário da casa; no entanto, a manutenção regular realizada por ele pode reduzir a necessidade de consertos. O filtro é o principal componente a receber manutenção no sistema de aquecimento e refrigeração. Usando o manual ou com uma simples inspeção, o morador pode identificar o fabricante e o modelo do aparelho de aquecimento e refrigeração que está instalado em sua casa. Na maioria dos casos, estão identificados com uma placa metálica ou etiqueta colada no aparelho. Os filtros costumam ficar instalados em uma janela lateral do dispositivo. Os filtros que não apresentarem código de produto impresso devem ser retirados e levados à loja de materiais para a compra da peça exata de reposição.

Escolha e utilização de ferramentas e fixadores

Uma ferramenta é um implemento que conduz, corta, curva, agarra ou fixa materiais, dispositivos e fixadores. A caixa básica de ferramentas do proprietário de um imóvel deve incluir:

Kit básico de ferramentas

- Martelo (entre 225 g e 450 g) para instalar e retirar pregos.
- Grifo (chave de boca ajustável, chave inglesa) para apertar e soltar parafusos e porcas sextavados.
- Chave de fenda com vários tamanhos e formas de ponta para apertar e soltar parafusos.
- Alicate ajustável para prender e soltar objetos.
- Multímetro para testar voltagem, corrente e resistência elétrica.

Incluindo uma caixa de plástico, esse kit básico no Brasil custa menos de R$ 100,00. Esse valor pode dobrar, caso sejam incluídos:

- Descascador para cortar e remover o isolamento plástico de fios.
- Estilete para cortar materiais mais leves e macios.
- Trena de 3 metros.
- Material de pintura: bandeja de tinta, rolo, espátula, pincéis e cobertura para o chão.

A maior parte dos moradores de casas continua a aumentar sua caixa de ferramentas, conforme as necessidades vão exigindo. No entanto, na maioria das vezes, as ferramentas descritas anteriormente serão o suficiente para realizar consertos em casa.

DICA DO ESPECIALISTA: *invista um pouco mais e compre ferramentas de boa qualidade. Caso precise de ajuda, peça a orientação de um vendedor da loja especializada em materiais de construção, tomando por base seu orçamento e o nível de conforto no uso. Uma boa ferramenta, projetada para realizar uma tarefa específica, pode facilitar muito seu trabalho.*

Os fixadores existem para juntar dois ou mais materiais e incluem: pregos, parafusos com fenda, parafusos sextavados e adesivos. Os pregos são peças pontudas de metal fixadas com o martelo para unir duas peças de madeira. Os pregos comuns têm cabeça maior do que os de acabamento. O tamanho dos pregos, nos Estados Unidos, é indicado por penny (p). No Brasil, a medida dos pregos se dá pelo sistema JP (Jauge Paris) x LPP (Linhas de Polegadas Portuguesas). Os parafusos são peças pontudas de metal instaladas com uma chave. O tipo de chave depende do tipo de cabeça do parafuso: fenda, *phillips*, *allen* e *torx*. As cabeças de parafusos mais comuns são as de fenda e a *phillips*. Os parafusos são mais resistentes do que os pregos e mais fáceis de remover.

Os parafusos sextavados geralmente usam uma rosca. Quando fizer a troca de um parafuso sextavado roscado, substitua por uma peça das mesmas dimensões. Esse tipo de parafuso é mais resistente do que os de cabeça com fenda ou phillips.

Os adesivos mantêm unidas duas superfícies. Alguns funcionam melhor do que outros e são específicos para madeiras, plásticos, metais, cerâmicas, tecidos, carpetes ou outros materiais. Também existem adesivos resistentes à água. Outros são desenvolvidos especialmente para a colagem de plásticos. Leia as instruções na embalagem para determinar qual é o mais indicado para uma aplicação específica.

Compras na loja de materiais

Os moradores de uma casa podem encontrar peças, aparelhos, dispositivos, materiais, ferramentas e fixadores no varejo em lojas especializadas em materiais de construção. Esses estabelecimentos podem ser pequenas lojas em cidades do interior ou até mesmo shoppings centers especializados em construção e decoração. Felizmente, a maioria é projetada para que os moradores de um imóvel encontrem o que estão buscando com relativa facilidade, especialmente aqueles que sabem apenas o básico sobre os sistemas domésticos: estrutural, elétrico, hidráulico, aquecimento/refrigeração e segurança.

A maioria das lojas de materiais de construção está organizada por seções, que já podem ser vistas desde a porta de entrada. Existe uma sinalização com placas e painéis pendurados no teto indicando a localização das seções. Dentro de cada seção, há nova sinalização indicando os componentes específicos. Por exemplo: Seção Elétrica (tomadas, luminárias). Ou Seção de Ferramentas (martelos, chaves).

As lojas maiores contam com vendedores especializados em cada seção para orientar os clientes em questões mais específicas ou indicar onde está o que eles precisam comprar. Nas boas lojas, os vendedores já trabalharam no setor de construção e reforma e sabem muitas respostas para nossas dúvidas. Sua dificuldade pode ser conseguir fazer a pergunta certa na nova linguagem dos moradores de imóveis. A solução é formatar a principal pergunta antes de ir à loja:

- Do que eu preciso para consertar um interruptor de luz?
- Onde encontro o filtro para trocar no meu aquecedor XYZWH modelo 12-20?
- Onde estão os kits de conserto de forro e como escolho o certo para reparar um buraco com 7,5 cm de diâmetro?
- Como escolho a tinta adequada para pintar uma cozinha?

DICA DO ESPECIALISTA: *caso você nunca tenha ido a uma loja de materiais de construção, faça isso. Programe uma visita de pelo menos uma hora para circular pelas seções para se acostumar com o que está disponível e onde estão os produtos. Além disso, você vai descobrir que os vendedores especializados são muito solícitos para oferecer assistência.*

Agora que você já aprendeu quais são os sistemas típicos de uma residência, sabe como instalar os moradores, consegue identificar a maior parte dos componentes e ferramentas e entendeu como escolher as melhores peças de reposição, está pronto para começar a fazer os serviços de manutenção de sua própria casa.

MODELO H-04
Casa de toras

[Capítulo 4]

Manutenção Interna

Cuidados com a parte interna da casa

O interior da casa inclui todos os componentes do espaço habitável: estrutural, elétrico, hidráulico, de aquecimento e de refrigeração e sistema de segurança. Combinados, esses componentes melhoram o grau de habitabilidade e conveniência oferecido aos moradores.

Manutenção é o ato de preservar o que quer que seja. Todos os componentes domésticos estão sujeitos a desgaste por excesso de uso e danos. A manutenção periódica renova a funcionalidade dos sistemas com a troca de peças desgastadas ou quebradas. Os procedimentos de manutenção são relativamente simples e podem ser realizados por todo proprietário de imóvel desde que ele siga as instruções oferecidas a seguir neste capítulo.

A manutenção interna da casa obtém melhores resultados quando é feita periodicamente, antecipando problemas, em vez de esperar que as necessidades se tornem emergências (veja o Capítulo 6). Sempre que isso se aplicar, a manutenção preventiva deve ser realizada antes do período em que o sistema será mais utilizado. Por exemplo, o sistema de refrigeração deve receber cuidados de manutenção na primavera; o sistema de aquecimento, no outono. Os sistemas internos que são continuamente utilizados durante o ano devem passar por revisão de acordo com sua prioridade, começando por aqueles que são mais necessários.

Os moradores devem fazer uma verificação completa do imóvel tendo em mãos o *Checklist* antes da compra (veja as páginas 48 a 51 do Capítulo 2). Com essa checagem, eles conseguem identificar problemas potenciais e evitar futuras emergências que serão solucionadas com as ações de manutenção. O *Checklist* de Inspeção pode gerar uma *Lista de Tarefas por Fazer* — cumprida ao longo de cada semestre.

Os moradores de imóveis são bem-sucedidos no processo de manutenção preventiva quando conseguem estabelecer uma rotina. Por exemplo, executam algumas tarefas sempre aos sábados pela manhã, na quarta à noite ou em qualquer outro horário que tenham disponível. Assim que uma tarefa for realizada, ele decide qual será a próxima para a semana seguinte e já faz uma lista do que será necessário. Contar com as ferramentas e peças em mãos reduz significativamente o tempo investido na realização das tarefas.

Em alguns casos, o proprietário pode escolher contar com assistência profissional nas tarefas de manutenção. Por exemplo, podem não ter ou preferir não subir em escadas muito altas. Nesse caso, é melhor chamar um serviço de manutenção externa para fazer a limpeza de chaminés ou calhas. Contratar uma inspeção anual da caldeira/forno do aquecedor pode ser um bom investimento: o dono da casa pode observar como o serviço é feito para aprender e no futuro realizá-lo sozinho.

A seguir estão alguns procedimentos e projetos de manutenção interna que podem ser realizados pelo proprietário ou por qualquer outro morador adulto. Para mais informações sobre ferramentas e materiais, leia o Capítulo 3.

⚠ ***CUIDADO!*** *Nenhum dos procedimentos e tarefas descritos a seguir é exclusivo de um gênero. Tentar atribuir tarefas a este ou àquele pode causar problemas de relacionamento.*

Manutenção estrutural

Limpeza

A tarefa mais comum de manutenção em uma casa é a limpeza. Para manter uma casa limpa e arrumada com um mínimo de esforço:

[1] Jogue fora as coisas. Estabeleça um lugar para guardar os objetos domésticos para reduzir a chance de desordem. O chão do quarto de criança, por exemplo, não é um local lógico para deixar roupa.

[2] Estabeleça um lugar para colocar os objetos sem uso que serão reciclados (semanalmente) e doados (mensalmente).

[3] Mantenha todos os produtos de limpeza e ferramentas no mesmo lugar e estabeleça uma rotina de limpeza. Um balde plástico com os principais produtos e acessórios de limpeza pode ser levado de espaço para espaço quando necessário ou como programado na rotina de limpeza. Um *spray* com um limpador doméstico e outro com vinagre branco, além de alguns panos, são o suficiente para fazer a maioria das tarefas de limpeza. Dependendo da toxicidade, limpadores especiais (ralos, cerâmica, forno, parede, chão, carpete ou madeira) devem ser guardados separadamente e fora do alcance das crianças.

DICA DO ESPECIALISTA: *distribua as tarefas da limpeza entre os ocupantes da casa usando um sistema motivacional com recompensas positivas e negativas. Por exemplo: "Se o lixo for colocado para fora todos os dias, a hora de ir para a cama poderá ser atrasada em meia hora". Reveja periodicamente a distribuição das tarefas de limpeza e as recompensas associadas para ter certeza de que não estão se transformando em tortura doméstica.*

[4] Resolva os problemas antes que se ampliem. Substâncias como água, suco, comida, cosméticos, sangue e outros fluidos podem manchar as superfícies. Utilize imediatamente o balde, o limpador e o pano para minimizar o estrago.

Cuidados com tapetes e carpetes

Os carpetes e os tapetes precisam de manutenção constante para mantê-los limpos e em boas condições de uso por mais tempo. Para fazer a manutenção:

[1] Fazer a aspiração regularmente prolonga a vida de tapetes e carpetes. Poeira e resíduos — combinados ao trânsito de pessoas — estragam o tecido, especialmente em áreas de muita circulação, como halls e corredores. Para obter os melhores resultados, certifique-se de que o saco do aspirador não está cheio, a mangueira não está obstruída e a escova desliza bem.

[2] Sempre que necessário, use um removedor de manchas para evitar que a substância penetre mais profundamente na trama do tapete. A urina de animais de estimação pode estragar a trama e manchar o carpete se não for removida antes de secar. Retire o excesso de líquido e, então, aplique um limpador com oxigênio, seguindo as instruções do fabricante contidas na embalagem.

DICA DO ESPECIALISTA: *a principal vantagem da limpeza profissional é o poder dos produtos químicos usados e do equipamento de remoção de poeira e outros resíduos. Os pequenos aspiradores domésticos não têm capacidade para oferecer o mesmo resultado da limpeza profissional de tapetes e carpetes e, por isso, devem ser usados somente na manutenção diária. Na limpeza mais profunda, considere também a possibilidade de solicitar a limpeza a seco, pois as máquinas e os produtos utilizados não umedecem o tecido.*

[3] Limpe o carpete (ou contrate um serviço profissional de limpeza) a cada seis meses ou conforme for necessário. Os tapetes e carpetes de espaços com pouco trânsito de pessoas podem passar um ano ou mais sem limpeza profunda, enquanto as áreas com maior circulação precisam desse serviço a cada três meses. Se possível, descubra o tipo de trama do carpete e as necessidades de limpeza específicas; alguns precisam de mais limpeza do que outros. Passados cinco ou mais anos da instalação, todos os carpetes precisam de mais limpeza do que quando são novos.

Verificação de fechaduras e dobradiças

As portas têm *design* simples e precisam de pouca manutenção a não ser em seu componente mais complexo: as fechaduras, que são o mecanismo que mantém a porta fechada, ou seja, imóvel no batente. Dentro da fechadura, a relação entre os tamanhos dos pinos possibilita que a introdução de uma chave libere ou não a rotação do cilindro. Essa rotação é transferida por um parafuso ao trinco. Quando tudo funciona bem, virar a chave libera o trinco e abre imediatamente a porta. A manutenção periódica assegura que tudo funcione assim:

[1] Duas vezes por ano, use spray lubrificante (à venda nas lojas de materiais de construção) específico para fechaduras. Retire o excesso de lubrificante das superfícies em volta. Também limpe e verifique todas as chaves para que entrem suavemente nas fechaduras. Substitua as chaves desgastadas ou estragadas para que nenhuma quebre dentro da fechadura.

DICA DO ESPECIALISTA: *copie as chaves de casa sempre em um bom chaveiro. Mesmo que o custo seja um pouco maior, o resultado costuma ser melhor. Chamar um chaveiro para remover uma chave quebrada de dentro da fechadura pode ser ainda mais caro.*

[2] Inspecione todas as fechaduras e trincos a cada três ou seis meses. Use uma chave de fenda para firmar e alinhar os componentes antes que o estrago fique maior.

[3] Quando verificar as fechaduras, também inspecione as dobradiças e a vedação das portas e janelas.

Realização de pintura interna

A manutenção interna da estrutura da casa começa com a tarefa cosmética e funcional de pintura. Felizmente, pintar é uma tarefa relativamente simples e pode ser realizada por todos os moradores de imóveis. Os acessórios necessários incluem: tintas nas cores apropriadas, pincéis, rolos e outros equipamentos secundários como a bandeja de tinta e uma cobertura resistente para forrar o chão e os móveis. Para pintar o interior de uma casa:

[1] Se for necessário, preencha os buracos na superfície e lixe até igualar.

[2] Prepare a superfície lavando-a com esponja e detergente neutro. Remova toda tinta solta. Se a superfície estiver manchada, dê pelo menos uma primeira demão com tinta *primer* (fundo).

[3] Prepare a área com fita adesiva e um forro para garantir que as superfícies em volta não ficarão manchadas.

[4] Escolha o tipo apropriado de tinta (pergunte ao vendedor da loja de materiais de construção) e os acessórios necessários. As tintas de látex são preferidas para as aplicações domésticas. As de epóxi devem ser usadas preferencialmente em áreas que recebem mais umidade como cozinhas e banheiros. O acabamento — fosco, semibrilho ou brilhante — é uma escolha pessoal, mas o mais popular é o semibrilho.

[5] Usando um pincel achatado com os pelos cortados em ângulo reto pinte os cantos onde o rolo não alcançará adequadamente.

[6] Pinte com o rolo todas as superfícies lisas que podem ser facilmente recobertas de tinta com esse acessório. Pinte áreas de nove em nove metros mais ou menos, vindo sempre do canto para o centro.

[7] Continue pintando todas as superfícies que estiverem precisando de uma demão de tinta.

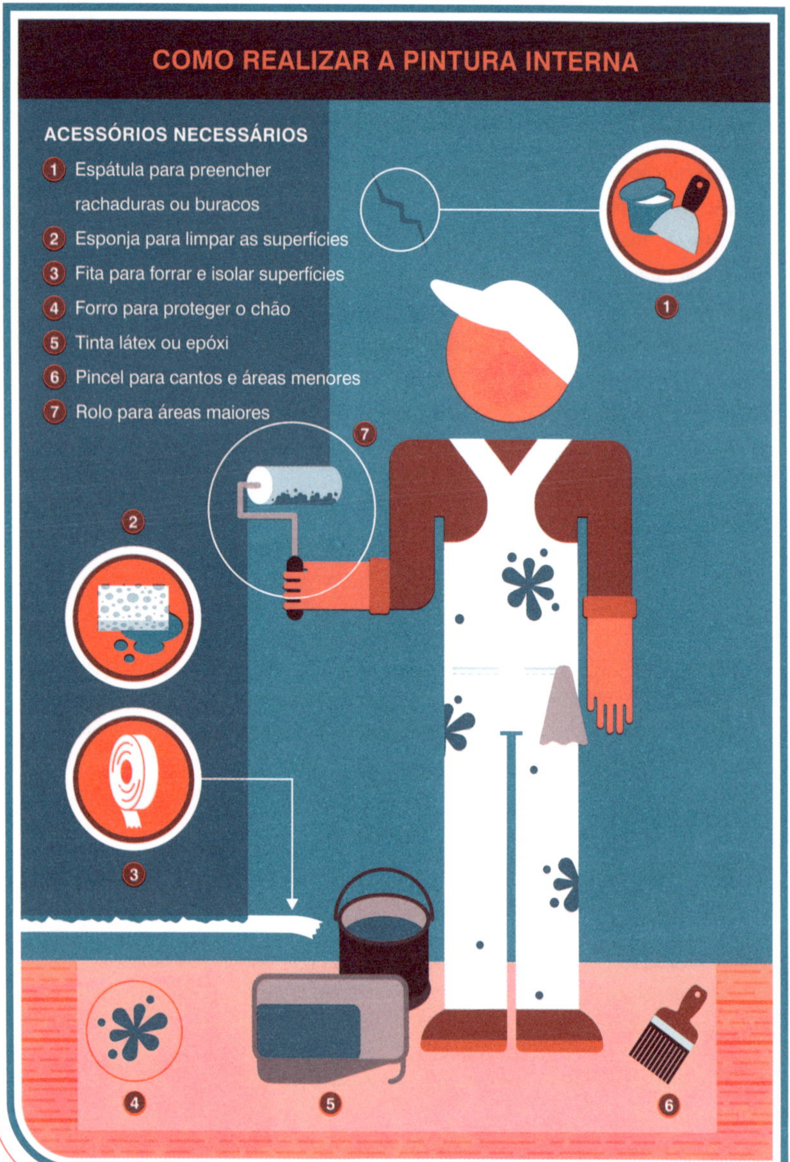
COMO REALIZAR A PINTURA INTERNA
ACESSÓRIOS NECESSÁRIOS
1 Espátula para preencher rachaduras ou buracos
2 Esponja para limpar as superfícies
3 Fita para forrar e isolar superfícies
4 Forro para proteger o chão
5 Tinta látex ou epóxi
6 Pincel para cantos e áreas menores
7 Rolo para áreas maiores

[8] Aguarde a tinta secar (veja as instruções na lata), antes de decidir se haverá, ou não, necessidade de dar uma segunda demão.

[9] Caso você tenha a intenção de utilizar a tinta e os acessórios novamente dentro de 24 horas, devolva o que sobrou na lata e tampe. Envolva todos os rolos e pincéis em papel celofane e alumínio para que não sequem. Se o trabalho de pintura estiver concluído, limpe cuidadosamente todo o equipamento, seguindo as instruções impressas nas embalagens.

Veja as páginas 162 a 170 para instruções mais detalhadas sobre pintura e decoração de interiores residenciais.

Preenchimento de furos em superfícies

As paredes e os forros feitos com painéis de gesso ou construídos com ripas e massa (veja o Capítulo 3, páginas 65 e 66) podem precisar de reparos antes da pintura. Felizmente, a tarefa é relativamente simples e existem diversos produtos disponíveis nas lojas de materiais de construção que ajudam a tornar tudo ainda mais fácil.

[1] Identifique todas as imperfeições da superfície antes de começar a consertar. Coloque um pedaço de adesivo colorido marcando a localização da imperfeição e retire depois de feito o reparo.

[2] Use uma faca pontuda ou uma espátula para remover toda a tinta solta e a sujeira. Se for necessário, martele cuidadosamente a parte do painel de gesso que esteja saliente. Caso seja preciso, rejunte os painéis.

[3] Para buracos e saliências pequenas, aplique massa corrida de acordo com as instruções do fabricante (na lata). O tempo de secagem, em geral, é de cerca de trinta minutos.

[4] Para imperfeições maiores, utilize os remendos de painel, seguindo as instruções na embalagem. Duas aplicações podem ser necessárias e o tempo de secagem será maior.

[5] Para buracos maiores do que uma moeda grande, utilize o kit de reparo do fabricante, que inclui a massa e o tecido. Observe que o kit de remendo para forros traz um tecido mais resistente que não cede depois de aplicado.

Manutenção elétrica

Inspeção de tomadas e interruptores

As caixas elétricas, também conhecidas como tomadas e interruptores, podem ficar frágeis com o tempo e os fios podem perder os terminais, provocando um acidente. Para inspecionar a condição das tomadas e dos interruptores uma vez por ano:

[1] Use uma chave de fenda para remover o espelho que recobre a caixinha da tomada ou do interruptor.

[2] Inspecione visualmente a caixinha, os interruptores, os fios e os terminais sem tocar em nada.

DICA DO ESPECIALISTA: *assim que você estiver confortável com o multímetro, poderá testar uma tomada ou um interruptor para verificar se o fluxo de eletricidade está normal. Sobre as instruções de uso do multímetro, consulte adiante a página 97.*

[3] Se a tomada ou o interruptor estiverem frágeis ou se os fios estiverem caídos, desligue o circuito na caixa de comando geral antes de continuar a tarefa. Para verificar se aquele circuito está realmente desligado, ligue e desligue o interruptor ou plugue um soquete na tomada na posição ligada. A alternativa é utilizar o multímetro para ter certeza de que o circuito não apresenta passagem de eletricidade.

[4] Para remover a tomada ou o interruptor, primeiro solte os parafusos em cima e embaixo que prendem o dispositivo à caixinha elétrica. Depois, puxe cuidadosamente a unidade para fora da caixa com os fios ainda presos a ela.

[5] Para trocar a tomada ou o interruptor primeiro tenha certeza de que o novo é exatamente igual ao que foi retirado. Então, tire os fios do dispositivo velho e prenda-os nos terminais do novo exatamente na mesma posição. Feito isso, recoloque a unidade dentro da caixinha, parafuse em cima e embaixo para prender e depois recoloque o espelho de cobertura.

Verificação de fios com defeito

Os fios levam a eletricidade das caixas de tomadas e interruptores para os dispositivos fixos e portáteis. Com são flexíveis, podem estragar e se tornar um risco de acidente elétrico e até de incêndio. Para inspecionar os fios elétricos a cada seis meses, você deve:

[1] Desligar o dispositivo ou o aparelho elétrico por segurança.

[2] Inspecionar visualmente se há cortes ou estrago no isolamento que reveste os fios. Se for pequeno, passe fita isolante por cima. Se for maior, troque o fio (veja o passo 4 a seguir).

[3] Pegue o multímetro para verificar a resistência (R). Toque a ponta do instrumento nos dois terminais dos fios do dispositivo que foi desligado. Coloque o interruptor do aparelho na posição "ligado" (on) para fechar o circuito (mesmo estando fora da tomada e não havendo fluxo de eletricidade). Se a leitura do multímetro for 1 (infinito), o circuito está aberto e há algum problema; caso contrário, o circuito está fechado e é o que se deseja.

TOMADAS E RECEPTORES ELÉTRICOS

REMOVENDO UMA TOMADA OU UM INTERRUPTOR PARA MANUTENÇÃO

1. Use a chave de fenda para retirar a tampa que cobre a tomada ou o interruptor.
2. Teste o fluxo de energia com um multímetro antes de manusear qualquer fio.
3. Se for necessário fazer algum conserto, desligue antes a eletricidade no quadro geral.

[4] Quando o circuito está aberto, a causa do problema pode estar no fio ou no aparelho. Manualmente, mexa no fio do aparelho para ver se a leitura do multímetro muda; pode ser que não. Se a leitura mudar, o fio deve estar estragado: troque-o.

[5] Para trocar, desinstale a ponta do fio que fica presa ao aparelho (a ponta sem tomada). Tenha certeza de que o novo fio tem exatamente o mesmo tipo de tomada e a mesma bitola do que foi retirado do aparelho, olhando a etiqueta presa ao fio. Instale o novo fio e use novamente o multímetro para testar antes.

DICA DO ESPECIALISTA: *muitos fios têm terminais que os fixam internamente ao aparelho para evitar que essa conexão se solte facilmente. Se o estrago foi causado porque o fio estava sendo repuxado, aumente sua extensão sempre que fizer uma substituição.*

Verificação de disjuntores e fusíveis

Os disjuntores e fusíveis são dispositivos de segurança de cada circuito existente em uma casa e, normalmente, ficam instalados dentro da caixa de comando geral. Os moradores devem ficar atentos à localização, à funcionalidade e às condições de todos os disjuntores e fusíveis da casa. Verifique todos eles a cada três meses:

[1] Localize onde fica a caixa de comando geral da casa. A maioria fica na garagem anexa, perto da varanda ou no porão. Em um edifício com vários apartamentos, o comando elétrico geral pode estar instalado em uma área comum por atender a todas as unidades residenciais.

CUIDADO! *Desligar o circuito ou o disjuntor errado na caixa de comando geral, quando a eletricidade está sendo usada por outro morador da casa — ou em outro apartamento — pode lhe render problemas.*

[2] Visualmente, inspecione todos os disjuntores e fusíveis instalados dentro da caixa de comando geral. Os disjuntores têm botões preto para ligar (*on*) e desligar (*off*) com a amperagem indicada na ponta (15, 20, 30). Os fusíveis são cartuchos ou dispositivos de enroscar com a amperagem indicada no corpo. A maioria dos fusíveis tem uma tira metálica visível que indica se o dispositivo queimou ou não.

DICA DO ESPECIALISTA: *depois de removidos, os fusíveis podem ter a resistência (R) testada com um multímetro. Se a leitura for 1, significa que a eletricidade (disponível na bateria interna do multímetro) não consegue passar pelo fusível e o circuito está aberto. Nesse caso, o fusível precisa ser trocado.*

[3] Se o disjuntor caiu para desligado (*off*), religue-o (*on*). Se o fusível estiver queimado, substitua-o por outro do mesmo tamanho, formato, tipo e amperagem. Se o disjuntor cair novamente ou se o fusível voltar a queimar, não torne a utilizar o circuito até que seja verificado por um eletricista profissional.

DICA DO ESPECIALISTA: *em caso de emergência, você poderá ter de saber qual é o disjuntor ou o fusível a ser desligado para interromper o fluxo de eletricidade em uma parte da casa o mais depressa possível. Peça a ajuda de alguém para determinar previamente qual é a função de cada disjuntor e fusível na caixa de comando geral. Você desliga um disjuntor ou fusível de cada vez e seu assistente verifica qual circuito da casa ficou sem energia. Marque com uma etiqueta identificadora cada um dos dispositivos na caixa de comando geral.*

Teste de tomadas com disjuntor de segurança

As tomadas com disjuntor de segurança devem ser instaladas em aparelhos e dispositivos próximos a fontes de água, como cozinhas e banheiros. A

água pode se tornar facilmente condutora de eletricidade, assim como qualquer morador da casa. As tomadas com disjuntor de segurança têm um sensor para fluxo elétrico fora do padrão e desligam (abrem) imediatamente o circuito. Teste mensalmente as tomadas com disjuntor de segurança:

[1] Localize na casa as tomadas com disjuntor de segurança. Elas têm dois botões: um preto (às vezes, azul ou amarelo) e outro vermelho.

[2] Para verificar se a tomada está funcionando, ligue nela uma lâmpada ou um pequeno dispositivo elétrico. Como alternativa, use um multímetro para testar a voltagem (v) entre os dois plugues.

[3] Para acionar novamente uma tomada com disjuntor de segurança, pressione primeiro o botão preto para desligar o circuito e depois aperte o vermelho para voltar a ligar. Se a tomada cair de novo, precisará ser substituída (veja as páginas 96 e 97). Se a nova tomada com disjuntor de segurança cair também, é melhor chamar um eletricista profissional.

Manutenção hidráulica

Impedimento da pouca vazão

Os canos domésticos recebem uma enorme variedade de materiais provenientes do sistema de esgoto, alguns inadequados e outros em excesso. Gordura acumulada, cabelos e outras substâncias podem grudar nas paredes dos encanamentos e diminuir ou até interromper o fluxo. Para evitar pouca vazão e emergências com entupimentos, verifique periodicamente:

[1] Uma vez por semana, cuidadosamente, abra a água quente com força máxima por cerca de sessenta segundos para ajudar a dissolver e empurrar a sujeira grudada nas paredes dos canos.

[2] A cada três meses, aplique um limpador com base cáustica em todas as saídas para o esgoto, seguindo as instruções do fabricante na embalagem. Por segurança, use luvas e óculos de proteção para manter o produto químico longe das mãos e dos olhos.

⚠ **CUIDADO!** *Os produtos químicos podem provocar danos aos moradores da casa e ao ambiente. Para reduzir a aplicação, use menos produtos cáusticos. As lojas de materiais de construção têm diversos produtos à disposição.*

[3] Se for necessário, use um desentupidor, movendo-o com força para cima e para baixo sobre a saída do esgoto, fazendo sucção para soltar os dejetos presos. Imediatamente, deixe escorrer água quente.

⚠ **CUIDADO!** *Não use o desentupidor imediatamente depois de aplicar o produto químico cáustico para que a sucção não traga de volta e espalhe o limpador. Deixe escorrer água depois de aplicar o limpador cáustico por pelo menos um minuto.*

Para procedimentos de emergência em ralos veja as páginas 148 e 151.

Verificação de vazamentos

Ocasionalmente, ao longo da ocupação de um imóvel, a água pode empoçar. Só que, infelizmente, a água parada pode estragar outros componentes dos sistemas domésticos. Por isso, é importante que o proprietário do imóvel faça uma inspeção periódica proativa nos canos e nos dispositivos instalados. Para verificar vazamentos:

[1] Uma vez por mês, inspecione visualmente os canos de água limpa, os ralos e sifões dos dispositivos hidráulicos de toda a casa. Procure por umidade ou manchas que evidenciem algum dano ocorrido desde a última inspeção. Enxugue a água e identifique de onde está saindo.

DICA DO ESPECIALISTA: *em banheiros, a condensação causada pelos chuveiros ou torneiras de água quente pode se juntar sobre os metais e a cerâmica e parecer vazamento. Para testar, enxugue bem a umidade com um pano seco e veja se a água reaparece rapidamente. A melhor solução para evitar isso é a ventilação adequada com exaustores ou manter uma janela aberta durante os banhos de chuveiro ou banheira.*

[2] Toque com um dedo as instalações abaixo de todos os dispositivos hidráulicos instalados. Se a conexão tiver um pequeno vazamento, algumas gotas vão molhar seu dedo. Aperte a conexão manualmente ou utilizando uma chave inglesa (grifo).

[3] Se for necessário, faça água escorrer pelo dispositivo e verifique com as mãos cada cano. Se houver um pequeno vazamento, a água vai molhar sua mão. Aperte todas as conexões manualmente ou com uma chave inglesa (grifo).

Retirada de resíduos do aquecedor de água

Os aquecedores de água são aparelhos de baixa manutenção que, normalmente, duram dez anos ou mais com pequenos cuidados. A manutenção periódica pode dobrar o tempo de vida de um aquecedor. A tarefa mais importante é retirar o lodo e outros resíduos do fundo do aquecedor de água a cada seis meses:

[1] Desligue a entrada de energia ou combustível e o registro de água do aquecedor.

[2] Identifique a torneira de drenagem, semelhante a uma torneira externa, localizada na lateral do aquecedor perto do fundo.

[3] Conecte uma mangueira de jardim à torneira de drenagem e estique-a até o exterior da casa ou para perto de um ralo do porão que fique abaixo do nível do tanque do aquecedor.

[4] Cuidadosamente, abra a torneira de drenagem para que o fluxo da água siga pela mangueira. Como a maior parte dos sedimentos fica na parte debaixo do tanque, não costuma ser necessário esvaziá-lo completamente.

DICA DO ESPECIALISTA: *excesso de sedimentos, normalmente por causa dos minerais da água ou por ferrugem no revestimento do tanque, pode indicar algum dano interno, o que requer a substituição.*

[5] Deixe o tanque encher de água completamente outra vez antes de religar a energia do aquecedor.

Teste da válvula de segurança do aquecedor

O excesso de calor e de pressão pode causar vazamento em um aquecedor, fazendo com que a água quente procure uma saída. Por segurança, esses aparelhos possuem uma válvula de escape, que é acionada quando o conteúdo excede determinado nível de pressão e temperatura. Isso pode acontecer quando o termostato, que regula a temperatura da água, falha. Teste a válvula de escape do aquecedor a cada três meses:

[1] Identifique a válvula de escape do aquecedor. Normalmente, fica no alto do tanque e inclui um tubo apontado para baixo, direcionando o fluxo de água quente para fora.

⚠ **CUIDADO!** *Seja especialmente cuidadoso ao trabalhar perto de um aquecedor porque o jato de água quente pode queimar a pele ou os olhos. Use óculos e luvas de proteção. Em caso de dúvida, desligue o aquecedor e deixe que o aparelho resfrie por pelo menos quatro horas antes de testar a válvula de escape. Só depois, então, religue-o.*

[2] Coloque um balde ou outra vasilha abaixo da ponta do tubo de escape para coletar a água quente que será liberada.

[3] Cuidadosamente, acione a alavanca da válvula de escape para descarregar a água do tanque pelo tubo até o balde. Permita o fluxo de água por pelo menos dois segundos antes de fechar novamente a válvula.

[4] Se o teste da válvula de escape não funcionar, pegue a etiqueta grudada na torneira e leve-a até uma loja especializada em materiais hidráulicos para comprar uma torneira nova exatamente igual. Como alternativa, você pode chamar um encanador para fazer essa troca.

Manutenção do aquecimento e da refrigeração

Inspeção dos sistemas

Os sistemas de aquecimento e refrigeração são componentes vitais das residências modernas, especialmente em regiões com condições climáticas mais extremas. Existem diversos tipos de sistemas domésticos de aquecimento e refrigeração, sendo que as diferenças básicas entre eles estão na fonte de energia e no método de distribuição (veja as páginas 74 a 76). A manutenção dos dois sistemas começa pela identificação do modelo instalado e sua localização na casa. Para inspecionar visualmente os sistemas de refrigeração e aquecimento:

[1] Identifique a(s) fonte(s) de energia. Dependendo da disponibilidade regional e dos custos relativos, as casas de uma mesma região ou construídas no mesmo período costumam utilizar as mesmas fontes de energia: eletricidade, gás ou óleo. Alguns imóveis contam com uma fonte de energia principal e outra de aquecimento suplementar. O ar-condicionado funciona com eletricidade.

[2] Identifique o tipo de equipamento usado para produzir calor. Muitas casas contam com um aparelho central para aquecer o ar, chamado de caldeira ou forno. Outras optam pela instalação de aparelhos individuais portáteis ou instalados nas paredes.

[3] Identifique o tipo de sistema de distribuição. Alguns imóveis usam sistemas de distribuição forçada, que produzem e concentram calor e frio em um local e depois distribuem por uma rede de dutos e registros. Outras residências contam com unidades individuais que distribuem o ar aqueci-

do ou refrigerado pelos cômodos. Existem ainda os que usam água quente ou vapor para aquecer os encanamentos de metal que, em troca, aquecem os ambientes da casa. Poucos são projetados para aproveitar o movimento natural do ar frio/quente que desce/sobe pela estrutura do imóvel.

[4] Localize fisicamente todos os componentes dos sistemas de aquecimento e refrigeração da casa. Identifique onde ficam as fontes primária e secundária de energia, o equipamento de geração de calor/frio e a rede do sistema de distribuição. Isso pode exigir que você entre em espaços apertados em porões ou sótãos.

[5] Inspecione cada componente, condições de uso e desgaste, e danos evidentes. Verifique onde ficam os filtros e outras partes que precisam ser substituídas. Anote o modelo e o número de série dos aparelhos em um caderno para ter fácil acesso a essas informações.

Limpeza dos dutos

Sistemas domésticos com distribuição forçada incluem os dutos. Feitos de alumínio ou outro material flexível, eles distribuem o ar tratado pela casa e o conduzem de volta à unidade de geração de frio/calor. Para manter a eficiência, é importante que os dutos estejam bem vedados e sem vazamentos, e que também sejam removidas todas as obstruções. Para limpar os dutos:

[1] Desligue o sistema de aquecimento e certifique-se que os dutos estão frios antes de começar o trabalho.

[2] Os dutos instalados em rede pela casa normalmente terminam em registros de calor perto da altura do chão.

[3] Use um aspirador de pó com uma mangueira longa para retirar dos dutos a poeira e qualquer outro tipo de resíduo. O acesso costuma ser pela caldeira/forno (desligada) ou pelo registro de calor perto do chão de cada cômodo da casa.

[4] Se for possível, inspecione visualmente os dutos, procurando vazamentos potenciais. Vede as juntas e fissuras com uma fita adesiva para dutos (disponível nas lojas de material de construção).

Limpeza ou troca de filtros

Os sistemas de aquecimento e refrigeração processam diariamente centenas de metros cúbicos de ar, que está carregado de cabelos, pólen, poeira e criaturas microscópicas que podem fazer mal à saúde. A maioria dos sistemas fechados conta com um ou mais filtros para reter os resíduos aéreos maiores. Outros incluem sistemas de filtragem eletrônica que coletam partículas menores. Até mesmo os aparelhos individuais de aquecimento e refrigeração instalados nas paredes têm algum tipo de filtro. Para limpar ou substituir um filtro:

[1] Identifique o tipo e a localização do(s) filtro(s). Se necessário, verifique o manual do fabricante.

[2] Remova o(s) filtro(s). A maioria fica perto da caldeira/forno ou da unidade central de refrigeração e quase sempre está identificado por uma etiqueta.

[3] Limpe ou troque o filtro. Alguns filtros são substituídos por modelos idênticos à venda em lojas especializada. O número de série e o modelo ficam gravados na própria peça. Outros podem ser trocados por modelos

que sejam apenas do mesmo tamanho. Alguns filtros podem ser lavados com água. Use uma mangueira de jardim para jogar água através do filtro e certifique-se de que esteja bem seco antes de recolocá-lo no lugar.

[4] Caso a unidade central de aquecimento/refrigeração tenha um duto de retorno de ar, procure um filtro no registro ou na porta principal de retorno. Pode haver mais um filtro para trocar ou limpar.

Verificação de ventiladores, correias e motores

A maioria dos sistemas de aquecimento/refrigeração dispõe de partes móveis projetadas para forçar o fluxo de ar *de* e *para* cada ambiente da casa. Esses equipamentos têm motores e correias para fazer funcionar os ventiladores/exaustores. Como são móveis, essas partes estão mais sujeitas ao desgaste e aos danos. Os moradores de casas podem minimizar a conta dos consertos se fizerem uma inspeção periódica de ventiladores, correias e motores desses equipamentos:

[1] Por segurança, desligue a caldeira/o forno ou a unidade central de refrigeração na caixa de comando geral.

[2] Abra o invólucro exterior do aparelho e identifique o motor e, se for possível, o exaustor/ventilador.

[3] Use um aspirador de pó ou um pano limpo para remover cuidadosamente a poeira e outros resíduos do motor, do ventilador e das polias que conectam os dois.

[4] Caso haja uma correia de ventoinha do motor para outros componentes, inspecione cuidadosamente a condição de desgaste ou outros danos.

[5] Caso a correia da ventoinha precise ser trocada, use uma chave inglesa (grifo) para soltá-la do motor ou da polia. Anote o número de série do modelo da unidade central e leve a correia velha para a loja especializada para comprar outra idêntica. Reinstale e ajuste a nova correia, seguindo as instruções do fabricante.

Limpeza de dutos e chaminés

Algumas casas têm lareiras e outros tipos de fontes de aquecimento, e portanto têm chaminés para possibilitar que a fumaça e os gases saiam da casa por uma estrutura vertical. Alguns desses subprodutos — como o creosoto — podem aderir às paredes internas da chaminé e aumentar as chances de um acidente. A solução básica é queimar combustíveis com baixo nível de creosoto e capazes de atingir temperaturas mais altas. A alternativa é mandar limpar a chaminé, ou fazer você mesmo, uma vez ao ano ou de acordo com a sua experiência.

[1] Remova todos os acessórios móveis e ferramentas da lareira, inclusive a grelha central para lenha.

[2] Cubra a boca da lareira com uma folha de plástico, vedando bem com fita adesiva para evitar que a poeira e os resíduos entrem na sala.

DICA DO ESPECIALISTA: *use óculos de proteção para manter a poeira e a fuligem longe dos olhos e uma máscara cirúrgica para filtrar o ar que entra pela boca.*

[3] No telhado, insira na abertura da chaminé uma escova (disponível nas lojas especializadas), esfregando-a para remover os resíduos das paredes internas. Comece de cima para baixo e chegue até lá embaixo. Retire a escova.

[4] Espere no mínimo uma hora para a poeira assentar e você poder retirar a cobertura plástica da boca da lareira.

PROTOCOLO DE LIMPEZA DA CHAMINÉ

PREPARAÇÃO E PROCEDIMENTO

1. Retire todos os acessórios e ferramentas da lareira.
2. Cubra e vede a boca da lareira com um plástico.
3. Use óculos e máscara de proteção.
4. Insira a escova na chaminé e limpe por dentro de alto a baixo.
5. Aguarde pelo menos uma hora para o pó e os resíduos assentarem.

PARTES DA CHAMINÉ

6. Conduto
7. Câmara de fumaça
8. Cornija (prateleira apoiada)
9. Coifa

[5] Use um aspirador de pó profissional para retirar toda a poeira e os resíduos de dentro da boca da lareira e da parte interna da chaminé.

[6] Recoloque no lugar todos os acessórios e ferramentas da lareira.

Limpeza de umidificadores e desumidificadores

O clima de algumas regiões pode exigir que, sazonalmente, a umidade seja retirada ou acrescentada ao ar circulante em uma casa para manter o conforto dos moradores. Os umidificadores adicionam água ao ar e os desumidificadores retiram. Podem ser aparelhos individuais ou estar anexados salubridade ao sistema de distribuição forçada de ar. Nos dois casos, a manutenção básica pode melhorar o conforto e a salubridade de uma residência. Limpe mensalmente os umidificadores e os desumidificadores:

[1] Verifique a localização do equipamento. Se não for um aparelho individual, verifique perto da caldeira/forno ou da unidade central de refrigeração. Normalmente, os umidificadores têm uma linha de água limpa conectada a eles e os desumidificadores contam com uma linha de drenagem de água até um ralo próximo.

[2] Identifique os componentes que podem ser trocados. Os umidificadores de tambor terão uma almofada de absorção em torno de sua parte central rotativa. Os desumidificadores terão uma almofada de dispersão na saída da unidade.

[3] Desligue a entrada de energia e água na unidade.

[4] Remova e limpe ou troque essas almofadas. Ao mesmo tempo, retire as bandejas e outros componentes removíveis para lavar com detergente. Aplique *spray* antibacteriano em todas as superfícies.

[5] Reinstale todos os componentes e anote a data da limpeza em um local visível para facilitar uma futura referência.

Limpeza de radiadores

Alguns sistemas domésticos aquecem indiretamente o ar por meio de radiadores. Água quente e vapor são produzidos em uma caldeira e depois distribuídos pelos cômodos mais distantes da casa. Esses sistemas são mais comuns em casas e apartamentos grandes porque a água perde menos calor do que o ar, quando é conduzida a pontos mais distantes. Inspecione e limpe os radiadores uma vez por ano:

[1] Se for possível, verifique visualmente todos os dutos entre a caldeira e cada radiador. Alguns dutos estão embutidos em pisos e paredes, mas podem ter revestimentos falsos que possibilitem a inspeção. Se um vazamento ou dano for identificado, chame um encanador qualificado e especializado em sistemas de aquecimento.

DICA DO ESPECIALISTA: *é sempre uma boa ideia saber onde está localizado o controle geral para desligar o sistema de água quente ou vapor e também os registros de cada um dos dutos individualmente.*

[2] Certifique-se de que a caldeira está desligada e resfriada antes de limpar o radiador. Use um pano com um pouco de água e detergente para limpar todas as superfícies. Se necessário, enxágue os resíduos.

[3] Inspecione visualmente o radiador, procurando sinais de desgaste, ferrugem, vazamentos e outros problemas potenciais. Quando necessário, chame um encanador qualificado para fazer os reparos.

CUIDADO! *Como os sistemas de água quente e vapor combinam pressão e altas temperaturas, pode ser perigoso trabalhar neles. Portanto, não tente realizar consertos sem orientação competente. A alternativa é contratar profissionais.*

Retirada do ar do sistema de aquecimento de água

Quando o aquecimento de água não está levando calor para todas as salas com a mesma intensidade ou se faz um barulho forte de batidas, pode haver ar dentro do sistema. O ar pode ser retirado dos radiadores individuais:

[1] Identifique a válvula de sangramento no radiador. O manual do fabricante, se disponível, vai indicar a localização e dar instruções específicas. Algumas válvulas de sangramento precisam de uma ferramenta especial fornecida quando o equipamento foi comprado.

[2] Coloque um balde embaixo da válvula de sangramento.

[3] Abra a válvula de sangramento com uma chave de fenda ou com a ferramenta especial.

[4] Quando começar a sair água em vez de ar, feche a válvula.

Manutenção do sistema de segurança

A segurança é um fator-chave para a longevidade de um imóvel e a tranquilidade de seus moradores. As casas modernas ou reformadas já contam com equipamentos de segurança — extintores de incêndio, detectores de fumaça, entre outros — que devem funcionar 24 horas, 7 dias por semana. Por isso mesmo, precisam de manutenção periódica. Uma vez a cada três meses, assuma a responsabilidade de proprietário de um imóvel: torne sua casa mais segura para seus ocupantes.

Verificação dos extintores de incêndio

Existem três categorias de extintores: A (para madeira e plástico), B (para gasolina e óleos) e C (para eletricidade). Os custos não são muito

altos e a maioria das casas pode contar com uma combinação dos três tipos distribuídos pelos principais ambientes. As localizações mais comuns são a cozinha e um ponto no meio do caminho entre os quartos. Verifique e faça a manutenção dos extintores a cada três meses:

[**1**] Inspecione visualmente o nível da carga no mostrador no alto do extintor. Se a indicação for diferente de CHEIO, troque por um novo. Como alternativa, os extintores maiores localizados em grandes garagens e cozinhas podem ser recarregados por serviços especializados (procure no guia de serviços de sua cidade ou na internet).

DICA DO ESPECIALISTA: *os extintores domésticos têm um medidor que indica se a unidade está CHEIA. Se não estiver, existem instruções impressas no corpo do próprio extintor (recarregar, descartar).*

[**2**] Limpe e inspecione visualmente a condição das unidades, certificando-se de que o pino de segurança está firme e que o bracelete de dependurar o extintor está bem fixo.

[**3**] Releia as instruções de uso e assegure-se de que os moradores adultos da casa sabem como e quando usar os extintores. Também repasse com eles a localização de todas as unidades instaladas na casa.

Teste dos detectores de fumaça

O dono da casa deve testar uma vez por mês os detectores de fumaça, gases, monóxido de carbono, radônio, entre outros:

[1] Identifique a localização de todos os detectores de perigos domésticos instalados na casa.

[2] Encontre e pressione o botão de teste na superfície do detector. Se a resposta não for um apito estridente ou luzes piscantes, abra a unidade. A maioria dos detectores tem uma tampa que, para abrir, precisa ser girada ou desencaixada.

[3] Se a unidade tiver uma bateria, troque-a por outra idêntica e teste novamente o detector. Caso ainda não funcione, substitua por um novo.

[4] Se a unidade não tiver uma bateria, é porque está conectada à rede elétrica da casa; verifique a caixa de comando geral para ter certeza de que todos os disjuntores estão LIGADOS (posição *on*). Caso algum esteja na posição *off*, religue e teste novamente o detector. Se ainda não funcionar, desligue o circuito e substitua a unidade.

Práticas de fuga de emergência

A segurança dos moradores de uma casa depende de planejamento para enfrentar emergências. Em caso de fogo ou outra emergência, o que os adultos farão? É preciso planejar e praticar. A cada três meses, faça exercícios dos planos e práticas de emergência:

- Em caso de incêndio, todos os moradores devem usar imediatamente a saída mais próxima para o lado de fora da casa e se reunir em um local predeterminado, seguro e afastado da estrutura do imóvel.

- Em caso de tornado, todos os moradores devem correr imediatamente para um local predeterminado dentro da casa que fique abaixo do nível do solo — em geral, o porão ou a adega.

- Em caso de terremoto, todos os moradores devem correr imediatamente para um local predeterminado dentro ou fora da casa, que tenha sido identificado antes como mais seguro contra tremores.

Montagem do quarto de sobrevivência

Por segurança, os moradores devem planejar e estocar um quarto de sobrevivência dentro da casa com despensa de alimentos e equipamentos que assegurem a manutenção da família. A duração desse período de sobrevivência depende dos perigos identificados pelos adultos. As famílias que moram em áreas rurais de baixo risco podem reservar água e alimentos para dois dias em caso de queda do sistema elétrico. Já as famílias urbanas que moram em áreas com maior potencial de danos podem preferir contar com reserva de alimentos, água e fonte alternativa de energia para sete dias ou mais.

[1] Com base nos riscos e condições regionais, planeje um local e monte uma despensa dentro de casa. Controle o estoque por escrito e atualize sempre que necessário. Reserve pelo menos 10 litros de água por pessoa e comida enlatada para três dias que possa ser consumida sem nenhuma preparação. Não se esqueça de incluir na despensa um abridor de latas manual. Estoque também um rádio a pilha, lanternas, baterias extras, uma caixa com ferramentas básicas e um kit de primeiros socorros.

[2] Nas épocas em que os riscos aumentam, faça exercícios de fuga de emergências, mensalmente, aproveitando para repor ou renovar os alimentos, a água e os equipamentos. Nos períodos mais tranquilos, esses exercícios podem ser trimestrais.

MODELO H-05
Forma de A

[Capítulo 5]

Manutenção Externa

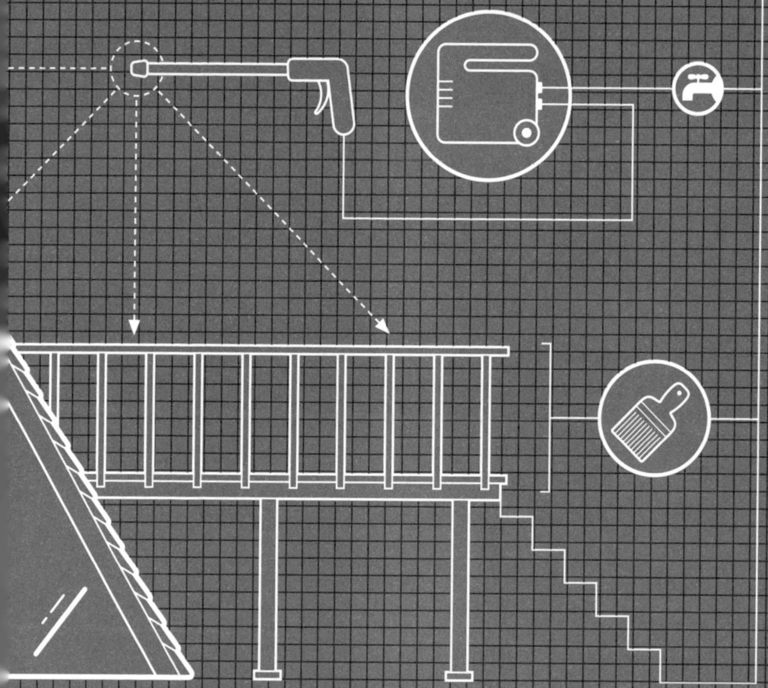

Manutenção externa da casa

O exterior de um imóvel inclui todos os componentes que ficam do lado de fora da estrutura principal de convivência: telhados, paredes laterais, janelas, deques, pátios, calçadas, quintais, varandas, depósitos e garagens. Esses componentes são projetados para aumentar e aprimorar as funcionalidades da casa e a conveniência e o conforto dos moradores.

Como a parte interna, o exterior de um imóvel necessita de manutenção periódica para renovar suas funcionalidades. A manutenção externa pode requerer mais esforço do que a interna, mas pode ser um trabalho gratificante que aumenta a longevidade e as condições de habitação de uma residência.

Mais do que a manutenção interna, a externa é sazonal, principalmente nas regiões em que o clima muda muito entre o inverno e o verão. No entanto, quando faz bom tempo, muitos moradores sentem-se mais motivados pela oportunidade de estar ao ar livre e não querem se preocupar com manutenção. Consideram que isso é mais gratificante e preferem enfrentar o aborrecimento de buscar reparos de emergência no inverno.

Se o proprietário fez seu *Checklist* antes da compra — ou imediatamente depois dela (veja as páginas 48 a 51) —, as tarefas básicas da manutenção externa estarão evidentes. Quando chega a hora certa, o dono e os outros moradores podem planejar o serviço, selecionar as ferramentas e os materiais adequados e realizar as tarefas.

Em alguns casos, a assistência de um profissional pode ser necessária ou aconselhável. Subir no telhado para aplicar um limpador, por exemplo, pode não ser uma tarefa indicada para todos os moradores de casa. Em casos como esse, ter conhecimento prévio sobre como a tarefa deve ser realizada é um critério útil para ajudar a selecionar um fornecedor qualificado do serviço.

A seguir, veremos alguns projetos e processos de manutenção externa que podem facilmente ser realizados pelos moradores do imóvel. Para ter uma referência sobre ferramentas e materiais, releia o Capítulo 3.

Telhado

Verificação de danos no telhado

O telhado é a cobertura externa de uma casa ou de outra estrutura. Os telhados residenciais apresentam grande variedade de tamanhos, formas, cores e materiais. Como estão expostos aos elementos naturais durante as estações do ano e, às vezes, a condições extremas de clima, os telhados estão sujeitos a danos e precisam de manutenção e consertos. Para fazer a inspeção do telhado duas vezes por ano:

[1] A partir do chão, inspecione visualmente cada seção do telhado para verificar se há falhas ou telhas soltas. Binóculos podem ser úteis para executar essa tarefa. Se for necessário, use uma escada para olhar mais de perto, consertar ou substituir as telhas quebradas. As telhas asfálticas, as mais comuns em todo o mundo, são instaladas em fileiras de três e são pregadas no local abaixo da borda das telhas de cima, usando pequenos pregos. As juntas não são coincidentes. As telhas de barro são instaladas por encaixe individual umas às outras e outros materiais de telhado são aplicados em rolos.

⚠ *CUIDADO! Subir no telhado exige uma escada. Por segurança, tenha certeza de que a escada escolhida é alta o suficiente para que você não precise pisar nos três últimos degraus. Além disso, pelo menos um quarto da escada deve ficar acima do telhado perpendicularmente. Por exemplo, se a escada tiver 3,60 m, a ponta deve ficar 90 cm acima do telhado. Certifique-se também de que seus sapatos estão secos e de que as solas são ásperas e onduladas para aderir melhor quando subir os degraus.*

[2] Inspecione visualmente se o telhado apresenta resíduos, musgo, folhas secas, galhos ou outros materiais que possam levantar as telhas e provocar vazamentos de água no forro. Se necessário, use uma escada e um ancinho de cabo longo para puxar os resíduos. Aplique tratamento químico no telhado (disponível nas lojas especializadas) para evitar musgo e outro tipo de vegetação viva, tomando cuidado para não prejudicar as plantas do jardim em volta da casa, se for o caso.

Verificação de manchas de água no sótão

No Brasil, poucas casas têm sótão. Se a casa em que você mora tem esse cômodo, este item vale para você. Se a superfície ou a barreira de proteção do telhado estiver danificada, a água pode escorrer para o forro e entrar na casa. Para verificar se o sótão tem manchas de água ou outros estragos, faça o seguinte:

[1] Encontre a passagem para o sótão. A maioria das casas que possuem esse cômodo tem uma porta de levantar no forro ou até mesmo uma escada para ser puxada para baixo e dar acesso ao sótão. Outras contam com uma porta comum em um dos cômodos que dá para a escada que leva ao sótão.

[2] Entre cuidadosamente no sótão. Use um chapéu grosso ou um capacete para se proteger de pregos que podem estar aparentes no forro. Preste atenção para andar sempre em superfície firme ou prefira caminhar apenas sobre as traves do forro; um passo em falso pode fazer você furar o teto do cômodo abaixo.

[3] Com uma lanterna forte ou uma lâmpada portátil, inspecione o lado de baixo da cobertura do telhado, procurando por manchas de água ou outro problema potencial. Além disso, verifique o piso do sótão para ver se há algum estrago causado por água pingando do telhado.

DICA DO ESPECIALISTA: *a água corre para baixo, então, o ponto em que a mancha aparece no piso do sótão pode ser mais baixo do que aquele onde está ocorrendo realmente o vazamento no forro do telhado. Inspecione cuidadosamente a cobertura abaixo do telhado e toda a área ao redor para verificar outros indicadores de onde se encontra realmente o vazamento.*

[4] Caso localize um problema, marque o lugar com um pedaço de pano colorido ou com tinta *spray* para depois ter uma referência. Meça a distân-

cia entre a mancha de água e outros dispositivos do telhado que possam ser vistos do lado de fora (exaustor, janelas de ventilação).

[5] Do lado de fora, identifique a localização do vazamento usando essas medidas. Troque as telhas quebradas ou remova a vegetação (veja a página 132), o que for necessário para corrigir o problema.

Limpeza de calhas

As calhas recolhem a água que escorre pelos telhados e a distribuem por dutos verticais até o solo. Infelizmente, as folhas e outras partes de plantas também caem sobre a superfície do telhado e são levadas para as calhas, entupindo-as. Limpe as calhas duas vezes por ano (dependendo da proximidade do telhado de árvores que perdem folhas):

[1] Firme uma escada no chão, encostada na casa. Suba e remova os resíduos da borda do telhado e na boca das calhas que é o ponto mais distante da saída no solo.

DICA DO ESPECIALISTA: *alguns moradores preferem usar luvas à prova de água, uma pequena pá de jardim e um balde para realizar essa tarefa que faz realmente um pouco de bagunça e sujeira.*

[2] Use uma mangueira de jardim com bico de pressão para remover a sujeira e os resíduos da calha, começando por cima, pelo ponto mais distante da saída para o solo.

[3] Inspecione visualmente as calhas limpas, procurando excesso de ferrugem, buracos ou outros problemas potenciais. Dependendo do material usado nas calhas (alumínio, vinil, madeira), existem produtos para consertá-las à venda nas lojas especializadas.

[4] Considere a possibilidade de colocar telas na boca das calhas para diminuir a entrada de resíduos.

Paredes laterais externas

Limpeza das paredes externas

As paredes laterais são a pele da casa ou do prédio de apartamentos. Podem ser de madeira, alumínio, vinil, alvenaria (pedras, tijolos) ou muitos outros materiais. Como são desenhadas para suportar o clima ao longo do ano todo, costumam ser duráveis e exigem pouca manutenção. Limpe anualmente as paredes externas do imóvel:

[1] Identifique o tipo de material usado nas paredes externas da casa. Selecione o produto de limpeza de acordo com o que é necessário para o tipo de material. Em muitos casos, uma máquina de pressão com água limpa é o suficiente. Caso contrário, siga as instruções da embalagem do produto de limpeza para obter os melhores resultados.

[2] Prepare as paredes antes de usar a máquina de pressão. Certifique-se de que as superfícies estão sem rachaduras ou buracos que podem ser ampliados pelo jato de água com pressão. Também cubra as plantas delicadas ao redor das paredes com um plástico leve, transparente e flexível (disponível nas lojas de materiais de construção).

[3] Você pode alugar uma máquina de pressão em lojas especializadas. Siga as instruções de uso do manual ou peça ao profissional da loja de aluguel de máquinas para que repasse com você o modo de utilizar.
Se você mora em apartamento, a limpeza das paredes externas da casa deve ser providenciada pela administração do condomínio junto a uma das diversas empresas especializadas nesse tipo de serviço.

DICA DO ESPECIALISTA: *use óculos de proteção, capacete plástico, luvas e roupas velhas quando for utilizar a máquina de pressão para lavar as paredes laterais da casa, especialmente se for aplicar algum produto químico na limpeza.*

MANUTENÇÃO DAS PAREDES EXTERNAS

PREPARAÇÃO PARA A LIMPEZA

1. Conserte rachaduras ou outros estragos.
2. Use os equipamentos de segurança apropriados.
3. Cubra as plantas delicadas com plástico.
4. Compre ou alugue uma máquina de pressão.
5. Teste antes a pressão da máquina em uma área da parede que não fique visível.

[4] Teste a pressão da máquina em uma parte das paredes laterais que não fique visível. O objetivo é verificar quão forte pode ser o jato de água para não estragar a pintura ou o material das paredes.

[5] Use o jato de água para limpar as paredes externas da casa, começando de cima para baixo. Se possível, comece cedinho pelo lado norte da casa antes que o sol forte atinja a parede e o(s) trabalhador(es).

[6] Assim que terminar, use uma mangueira de jardim para enxaguar os resíduos químicos e retirar o remanescente das plantas, calçadas e outras áreas em volta das paredes externas da casa.

Verificação de danos e infestações

Dependendo da localização do imóvel, as pragas e o clima podem causar um grande problema para o morador. Pelo menos duas vezes por ano, faça uma inspeção externa na casa e programe o conserto antes que o problema se agrave.

[1] Pergunte a um vendedor especializado na loja de materiais quais são as pragas domésticas mais comuns na região e como identificá-las. Em algumas regiões, as pestes são cupins, besouros de madeira ou outros pequenos insetos que, normalmente, deixam um rastro de resíduos. Em outras, as pragas ficam invisíveis até que o estrago esteja feito.

[2] Inspecione visualmente todos os componentes externos da casa, incluindo fundação, paredes laterais, beirais, janelas, venezianas e batentes, varandas, deques e outras partes. Procure os estragos óbvios e as possíveis causas.

[3] Se uma infestação for identificada, você pode chamar um profissional ou providenciar os produtos e os materiais necessários para deter a causa e consertar o estrago. Pela oportunidade de fazer uma oferta de serviço, os especialistas em controle de pragas podem ajudar você a identificar a causa de um estrago específico.

Pintura das paredes externas

Madeira e alguns outros materiais de paredes externas precisam de pintura periódica, em geral uma vez a cada oito a doze anos ou quando a cor não satisfizer mais os moradores — o que ocorrer antes. Para pintar as paredes externas:

[1] Conforme a necessidade, inspecione as paredes para identificar e reparar estragos (veja a página 126).

[2] Lave as paredes para melhorar a aderência da tinta (veja a página 124).

[3] Forre com plástico e fita adesiva as áreas que não serão pintadas para evitar que outras superfícies fiquem com pingos de tinta.

[4] Compre tinta de fundo (*primer*), tinta e os equipamentos necessários, informando-se sobre a aplicação com um pintor experiente ou com o vendedor da loja de materiais de construção.

[5] Se a tinta antiga estiver muito danificada ou se a nova cor for bem diferente da anterior, considere aplicar uma ou mais camadas de *primer* (tinta de fundo) antes de passar a nova cor.

DICA DO ESPECIALISTA: *os vernizes podem ser de alto brilho ou semiopacos, enquanto as tintas são bem opacas. O verniz não pode ser aplicado antes que toda a tinta antiga seja removida, o que é uma tarefa difícil. O vendedor de uma loja especializada pode lhe oferecer orientações valiosas sobre tintas e vernizes e sobre as ferramentas mais adequadas para a aplicação.*

[6] Aplique a tinta utilizando brochas ou rolos grandes, dependendo do tipo de parede externa. As tintas em *spray* podem ser problemáticas para pintores inexperientes por causa do eventual excesso. Comece a aplicar a tinta de cima para baixo na parede e remova os escorridos.

[7] Se for necessário, aplique uma segunda demão de tinta ou passe o acabamento assim que a primeira camada secar completamente. As instruções de aplicação e limpeza vêm impressas nas latas de tinta.

Portas e janelas

Troca da vedação danificada

Como as portas e janelas são projetadas para abrir e fechar, existem frestas entre elas e os batentes, que não são pequenos o bastante para deixar o clima do lado de fora e manter o ar-condicionado do lado de dentro. Para evitar isso, existem as fitas de vedação. No entanto, com o uso, essas fitas desgastam ou estragam e precisam ser trocadas. Faça a manutenção das fitas de vedação uma ou duas vezes por ano:

[1] Abra e feche todas as portas e janelas externas da casa para identificar o tipo e a localização das fitas de vedação. A maioria das fitas é feita de material macio e instalada nos batentes para funcionar sob pressão; quando a porta ou a janela são fechadas, a fita se comprime e veda a fresta.

[2] Inspecione a condição de desgaste de cada fita de vedação. Se alguma estiver estragada, tire as medidas, pegue um pedaço de amostra e leve à loja especializada em materiais de construção para comprar uma nova exatamente igual.

[3] Instale a nova fita de vedação com pregos ou parafusos, conforme foi executado nos outros batentes de portas e janelas.

Vedação de janelas, portas e paredes externas

As juntas dos componentes externos da casa — como janelas, portas e paredes — podem se tornar à prova de mudanças climáticas com massa de silicone, um material macio que endurece rapidamente, mas se mantém flexível o bastante para aderir e vedar vazamentos de ar ou água. O silicone está disponível em tubos pequenos ou grandes, dependendo da necessidade. Os tubos maiores precisam de uma bomba de aplicação, um equipamento que força o silicone a sair do tubo com uma alavanca de pressão. Faça essa vedação anualmente:

[1] Inspecione visualmente o estado das juntas nas paredes, portas e janelas.

[2] Selecione o tipo e a cor do silicone mais adequado para a tarefa. Converse com um vendedor especializado para que recomende o produto de acordo com a aplicação. As instruções de uso estão impressas no tubo.

[3] Remova o silicone que esteja saindo ou seco demais e substitua por uma nova aplicação. Se for preciso, aplique novamente para ter certeza de que a junta está completamente vedada e não deixará água entrar na casa. Insetos também podem entrar por frestas ou pela vedação já estragada.

Checagem do isolamento das janelas

As janelas mais modernas têm mais de uma camada ou painel de vidro. A área entre os painéis pode ser hermética ou preenchida com gás isolante. Caso a vedação em torno dos painéis vaze ou estrague, o ar e a umidade podem entrar na casa ou o gás isolante escapar, tornando

a proteção menos eficiente. Trocar esse tipo de isolamento das janelas é serviço para profissionais especializados. No entanto, o morador da casa pode realizar uma rápida inspeção uma ou duas vezes por ano:

[1] Inspecione visualmente cada janela, procurando por marcas de condensação entre os painéis (umidade).

[2] Em um dia bem frio (se isso acontece na sua região), saia e toque cada painel das janelas pelo lado de fora. Caso um deles esteja mais quente do que os outros, pode ser que haja vazamento de calor de dentro para fora por causa de problemas no isolamento. Verifique se a vedação de neoprene nas bordas do painel está deformada ou estragada.

[3] Conforme a necessidade, chame um serviço especializado para contar com uma segunda opinião antes de comprar um painel ou uma janela nova. Na maioria das vezes, esse modelo de janela precisa ser retirado para a realização do conserto, sendo recolocado depois.

Pátios, calçadas e caminhos

Pátios, calçadas e caminhos são superfícies horizontais de concreto, asfalto, pedra ou outros produtos inorgânicos. Eles também estão sujeitos a desgaste e dano e precisam de manutenção periódica.

Lavagem com água sob pressão

Para lavar anualmente com água sob pressão pátios, calçadas e caminhos:

[1] Identifique o material da superfície. Em geral, o concreto é mais claro e mais uniforme; o asfalto, mais escuro e mais áspero. Algumas calçadas

são feitas de concreto e pedras aparentes. A superfície pode ser lavada apenas com água sob pressão, mas se houver musgo ou outros resíduos, talvez seja necessário usar um produto de limpeza. Nesse caso, siga as instruções do fabricante.

[2] Prepare a superfície a ser lavada com água sob pressão removendo de cima todos os resíduos e cobrindo as plantas em volta com um plástico leve, macio e flexível.

[3] Alugue uma máquina de pressão em uma loja especializada. Para usá-la, siga as instruções do fabricante ou peça para o vendedor repassá-las antes com você.

[4] Lave a superfície começando da casa ou das plantas em volta e conduza os resíduos em direção dos ralos.

[5] Assim que terminar, use uma mangueira de jardim para enxaguar os resíduos químicos e retirar o remanescente das plantas, calçadas e outras áreas em volta das paredes externas da casa.

Conserto do piso

[1] Identifique o material da superfície: concreto (cinza) ou asfalto (preto).

[2] Selecione os materiais adequados para o conserto em uma loja especializada em materiais de construção.

[3] Siga as instruções do fabricante do produto. De modo geral, retire as partes quebradas da área que precisa de conserto. Se houver um buraco mais fundo, pode ser necessário colocar areia ou pedras pequenas no

fundo para dar base para o reparo. Faça o conserto e não deixe de aplainar a superfície.

[4] Deixe o material do conserto secar, de acordo com as instruções de uso. Proteja a área reparada da umidade, excesso de calor ou da luz do sol e também da passagem de pedestres até que esteja completamente seca e consolidada.

Manutenção do quintal

As árvores e os arbustos ampliam o conforto visual da casa, mas podem também colocar em risco a estrutura. As pragas podem usar essas plantas para se abrigar antes de começar uma infestação no imóvel. Além disso, os galhos das árvores podem crescer sobre o telhado e atingir a chaminé ou o sistema de aquecimento. Isso aumenta os riscos de um acidente que pode comprometer a estrutura da casa. Anualmente, faça a poda das árvores em volta da casa:

[1] Identifique potenciais problemas. Visualmente, inspecione cada planta perto da casa, incluindo as árvores que podem derrubar galhos sobre a estrutura.

[2] Determine e remova os galhos e outras partes das plantas que possam estragar a casa em uma tempestade ou dar acesso a cupins, formigas e outras pragas.

[3] Remova todo resíduo de plantas em torno da casa que possa servir de abrigo para animais ou causar um início de incêndio.

⚠ **DICA DO ESPECIALISTA:**: *muitas cidades contam com serviços de remoção de resíduos de poda de plantas. Caso contrário, procure nos jornais ou na internet anúncios de empresas que fazem a coleta em caçambas e levam os restos das podas para locais apropriados.*

Depósitos externos

Manutenção das paredes laterais

Os depósitos externos e outras estruturas desse tipo oferecem espaço para o armazenamento de equipamentos de manutenção do quintal e do gramado, brinquedos e produtos químicos usados na limpeza das áreas. Essas estruturas também precisam de manutenção periódica, o que inclui a pintura.

[1] Se for preciso, inspecione antes os danos nas paredes externas e providencie o reparo (veja a página 126).

[2] Limpe as paredes para aumentar a aderência da tinta (veja a página 124).

[3] Prepare a área com fita adesiva e um forro para garantir que as superfícies em volta não ficarão manchadas.

[4] Compre fundo (*primer*), tinta e os acessórios necessários e aproveite para pedir instruções de aplicação para um vendedor da loja especializada. Prepare e pinte as estruturas externas em harmonia com o estilo e as cores da casa.

[5] Aplique a tinta usando brochas ou rolos grandes, dependendo do tipo de parede. Comece a pintura por cima e vá descendo aos poucos, eliminando todos os escorridos de tinta.

[6] Se for necessário, aplique uma segunda demão de tinta ou passe o acabamento assim que a primeira camada secar completamente. As instruções de aplicação e limpeza vêm impressas nas latas de tinta.

Manutenção de portas e dobradiças

As estruturas externas de armazenamento são simples e, em geral, têm poucas partes móveis. No entanto, esses componentes precisam de manutenção periódica. Cuide anualmente das portas e dobradiças:

[1] Inspecione visualmente a estrutura das portas e dobradiças, procurando peças soltas ou quebradas.

[2] Aperte todos os componentes. Se o parafuso girar em falso, use um maior ou preencha o furo com madeira. Se for necessário, lubrifique fechaduras e dobradiças.

DICA DO ESPECIALISTA: *se o buraco do parafuso estiver largo, preencha com palitos e depois o recoloque, usando a chave de fenda para apertar e formar uma nova rosca na madeira.*

[3] Quando preciso, retire dobradiças ou fechaduras e leve-as para uma loja especializada para comprar a reposição correta. Leve os parafusos também. Instale os novos componentes bem alinhados. Reinstalar dobradiças pode requerer um ajudante para segurar a porta no lugar.

Garagens

Limpeza do piso da garagem

O piso das garagens costuma ter manchas de fluidos automotivos e de outros produtos que não apenas são feias mas podem estragar o revestimento e demandar reparos. Mantenha o piso da garagem limpando-o a cada um ou dois meses da seguinte maneira:

DICA DO ESPECIALISTA: *compre uma embalagem pequena de limpador de piso de garagens, disponível em lojas de produtos automotivos. Sempre que identificar uma mancha de graxa, espalhe o limpador por cima (parecido com areia) e deixe que o produto absorva o líquido por algum tempo. Só depois retire o limpador de cima da mancha.*

[1] Remova os carros e todos os equipamentos maiores que estiverem na garagem para examinar os danos no piso.

[2] Varra ou passe o aspirador na superfície. Se for necessário, remende o piso (veja a seguir).

[3] Aplique um desengraxante sobre as manchas, seguindo as instruções do fabricante. Os solventes são bons para limpar óleos.

CUIDADO! *Nunca deixe estopa ou panos sujos com óleo ou gasolina guardados nos depósitos porque podem pegar fogo. Em vez disso, prefira usar papel toalha grosso e depois coloque em um saco plástico, feche bem e descarte.*

[4] Conforme a necessidade, use um polidor de pisos doméstico para deixar a garagem limpa e pronta para uso e armazenagem.

Conserto de rachaduras no concreto

As rachaduras são comuns em pisos de garagem feitos de concreto, especialmente em áreas sujeitas a movimentações sísmicas ou quando o material não foi bem instalado. Os buracos maiores necessitam de reparos semelhantes aos de pátios, calçadas e caminhos (veja a página 130). Para consertar rachaduras em pisos de concreto da garagem:

[1] Limpe toda a poeira e os resíduos, varrendo ou passando o aspirador.

[2] Aplique o remendo de concreto (disponível em lojas especializadas) seguindo as instruções do fabricante. No caso de rachaduras menores na superfície, elas podem ser vedadas com silicone para evitar que a água penetre e aumente o estrago.

Manutenção do portão da garagem

A porta de entrada é o principal componente móvel da garagem e, portanto, está sujeita a desgaste e danos. A manutenção periódica é um bom investimento para minimizar os custos dos consertos. Para manter o portão da garagem, faça o seguinte a cada seis meses:

[1] Inspecione cada componente do portão da garagem, incluindo trilhos e polias, para verificar se há desgaste ou danos.

[2] Conforme a necessidade, aplique um óleo lubrificante leve.

DICA DO ESPECIALISTA: *quando acabar a energia, você pode abrir o portão automático da garagem pelo lado de dentro: solte o cabo sobre o portão e puxe manualmente para abrir.*

[3] Aperte todas as porcas, os parafusos e outros conectores para se certificar de que os mecanismos operarão suavemente.

[4]Substitua a bateria em todos os controles remotos de abertura do portão da garagem.

[5] Verifique e substitua a lâmpada que acende com a abertura do portão da garagem.

MODELO H-06
Rancho

[Capítulo 6]

Reparos de Emergência

Evitando as emergências

Os reparos de emergência sempre acontecem quando o morador não está atento para a necessidade e os benefícios da manutenção contínua (veja os Capítulos 4 e 5).

Para evitar os consertos de emergência, estabeleça e cumpra um cronograma sistemático de manutenção interna e externa. Isso vai poupar tempo e dinheiro. A manutenção doméstica periódica consome menos tempo do que os reparos emergenciais. Um morador consciente disso pode nunca precisar chamar um profissional para consertos de emergência em sua casa.

A seguir estão alguns reparos de emergência que podem ser realizados pelo dono da casa (ou morador adulto). Veja as páginas de 79 a 83 para informações adicionais sobre ferramentas e materiais.

Emergências estruturais

Danos nas paredes

As paredes de uma casa podem ser danificadas pelo vento, por objetos em queda ou motoristas em manobras pouco precisas, deixando o interior do imóvel exposto às intempéries. Felizmente, o morador pode minimizar os estragos, respondendo rapidamente à emergência. Para consertar paredes danificadas:

[1] Faça uma inspeção visual para identificar a causa e a extensão do estrago. Se o dano for cosmético, invista um pouco de tempo para planejar o conserto. Mas, se for estrutural, podendo levar rapidamente a problemas mais graves, entre em ação assim que for seguro.

DICA DO ESPECIALISTA: dependendo da gravidade do estrago e do risco potencial de que haja outros danos, cubra a área com plástico leve e flexível o mais depressa possível.

[2] Identifique a extensão do dano e os materiais necessários para consertá-lo. Uma prancha de madeira pode ser consertada no lugar com cola de construção e pregos. As lâminas de vinil e de alumínio devem ser reparadas com produtos disponíveis nas lojas de materiais de construção. Estragos maiores podem exigir a substituição de uma ou mais pranchas ou de lâminas de revestimento externo.

[3] Conforme a necessidade, instale os componentes de reposição. As pranchas de madeira, em geral, são sobrepostas e fixadas com pregos, parafusos ou outro tipo de prendedores. As lâminas de vinil são fixadas com uma ferramenta especial, disponível nas lojas de materiais de construção. As partes das paredes de alumínio são parafusadas ou clipadas de acordo com o modelo.

[4] Faça a finalização cosmética do conserto, pintando (veja as páginas de 127 a 128) a superfície para voltar a combinar com as outras paredes.

Madeira podre ou carcomida

Algumas emergências nas paredes levam muito tempo para acontecer, enquanto as pragas vão se infiltrando nas partes estruturais da casa. Vários tipos de pestes proliferam e infestam os componentes dos imóveis. A inspeção e a manutenção periódicas (veja a página 127) diminuem a necessidade de reparos. No entanto, se isso for adiado pelo morador, a estrutura e as paredes podem acabar precisando de consertos:

[1] Identifique a extensão do dano. Use um estilete ou uma chave de fenda para cutucar a madeira exposta (paredes, juntas e traves do piso sob a casa) e verificar lascas ou resíduos em pó. A madeira podre ou carcomida solta pedaços facilmente.

[2] Identifique a causa do dano. Estragos causados por pragas de superfície são mais fáceis de verificar do que os de pestes subterrâneas. A umidade e os fungos, geralmente, estragam a madeira de fora para dentro.

[3] Elimine a causa do estrago. Aplique produtos químicos para matar as pragas (ou contrate um profissional especializado para fazer isso). Se a umidade for a causa, encontre e remova a fonte que, quase sempre, é água parada vinda de um vazamento externo.

[4] Conserte ou substitua os materiais estragados. Se o dano for superficial, retire todo material destruído e vede a área com tinta ou um selador à venda nas lojas especializadas. Caso o dano seja estrutural, troque os componentes estragados ou contrate um profissional qualificado para fazer o serviço, dependendo da extensão e da possível repercussão do problema.

Vazamento no telhado

Assim que a causa e o local exatos do vazamento forem identificados (veja a página 121), a próxima tarefa é o conserto.

⚠ ***CUIDADO!*** *Trabalhar no telhado ou subir na escada pode ser perigoso; trabalhe sempre com segurança. Conforme a necessidade, use um cinto de segurança e uma corda presa firmemente na chaminé ou em qualquer outro dispositivo fixo no lado oposto da casa.*

[1] Contenha o vazamento. Se o vazamento ocorrer em volta da chaminé ou da saída do exaustor, a causa pode ser o acabamento de vedação metálico ou de plástico. Inspecione a lâmina de acabamento e, se for preciso, reaperte ou troque, reaplicando vedação de silicone nas bordas. Caso o vazamento ocorra em uma telha, recoloque no lugar ou troque a telha e também o material isolante abaixo dela.

DICA DO ESPECIALISTA: *a água corre para baixo. Quando as lâminas de vedação e as telhas são trocadas, lembre-se de que elas devem se sobrepor com a peça de cima cobrindo a borda superior da peça de baixo.*

[2] Conserte o estrago. As telhas asfálticas podem ser reparadas com a aplicação de uma pequena quantidade de cimento de telhado (disponível nas lojas especializadas) para fixá-las ou fechar um buraco. Se o dano for maior, remova todas as telhas e as lâminas estragadas para substituí-las, eliminando a causa do problema. Caso a camada de vedação sob o telhado também tenha ficado danificada, troque-a, usando uma pequena espátula e um martelo para remover pregos e telhas.

Emergências elétricas

Conserto de aparelhos

Os principais aparelhos domésticos são lavadoras de roupas, secadoras, lavadora de pratos, refrigeradores, fogões, fornos e micro-ondas. O que eles têm em comum é que são aparelhos mecânicos ou geradores de calor e possuem um sistema de controle. Por serem semelhantes, também podem ser consertados de modo parecido.

Os portáteis também se incluem a categoria de aparelhos mecânicos ou geradores de calor que funcionam com eletricidade. Esses aparelhos menores incluem misturadores, abridores de lata, relógios, cafeteiras, panificadoras, máquinas de café espresso, batedeiras, secadores de cabelo, cobertores elétricos, fritadeiras, barbeadores, torradeiras e aspiradores. Todos eles também podem ser testados e consertados com o uso de um multímetro, uma ferramenta comum que só precisa de bom-senso para ser usada. Para consertar aparelhos:

[1] Verifique o disjuntor ou o fusível no quadro de comando geral e, se for preciso, religue ou troque.

[2] Inspecione se o fio do aparelho está danificado. Tire da tomada e use o multímetro para testar o fio (veja as páginas de 97 a 98).

[**3**] Verifique todos os controles do aparelho. Se for preciso, abra para ter acesso a interruptores e outros controles. Utilize o multímetro para testar o funcionamento dos controles (as instruções para o teste de controle estão incluídas no manual dos fabricantes dos aparelhos ou no do próprio multímetro).

***DICA DO ESPECIALISTA**: alguns aparelhos maiores contam com um botão de religamento na parte de trás, em geral perto da entrada do fio, que deve ser acionado depois de uma queda de energia. Além disso, alguns eletrônicos têm códigos de reacionamento que podem ser encontrados no manual de instruções do aparelho.*

[**4**] Inspecione visualmente todos os componentes do aparelho, procurando desgastes, estragos ou bloqueios.

[**5**] Se for preciso, peça a visita de um técnico para prestar assistência ou trocar peças, explicando os sintomas e o que já foi realizado para fazer o aparelho voltar a funcionar.

[**6**] Caso não valha a pena consertar o aparelho, faça reciclagem. Quando comprar um novo, certifique-se de que não trará o mesmo problema que o anterior.

Restauração do fluxo de energia

A vida moderna depende enormemente do fornecimento regular de energia elétrica. As interrupções do serviço, as sobrecargas e as quedas de tensão podem danificar os aparelhos elétricos e aborrecer os moradores de uma residência. Para restaurar o fluxo de energia e prevenir o dano a aparelhos elétricos:

[1] Antecipe-se aos problemas de fornecimento de energia. Se raios estiverem previstos (Figura A), retire da tomada todos os aparelhos (televisões, aparelhos de som e computadores) que podem estragar com possíveis sobrecargas ou interrupções (Figura B).

[2] Se um corte de energia ocorrer sem aviso prévio, desligue os aparelhos eletrônicos e tire os maiores da tomada (Figura B). Assim, o retorno da energia não vai sobrecarregar os circuitos (alguns aparelhos puxam mais energia ao serem ligados do que durante a operação).

[3] Caso o corte de energia pareça ter ocorrido apenas na sua residência, vá à caixa de comando geral para verificar o funcionamento correto de disjuntores (Figura C) e fusíveis (veja a página 99).

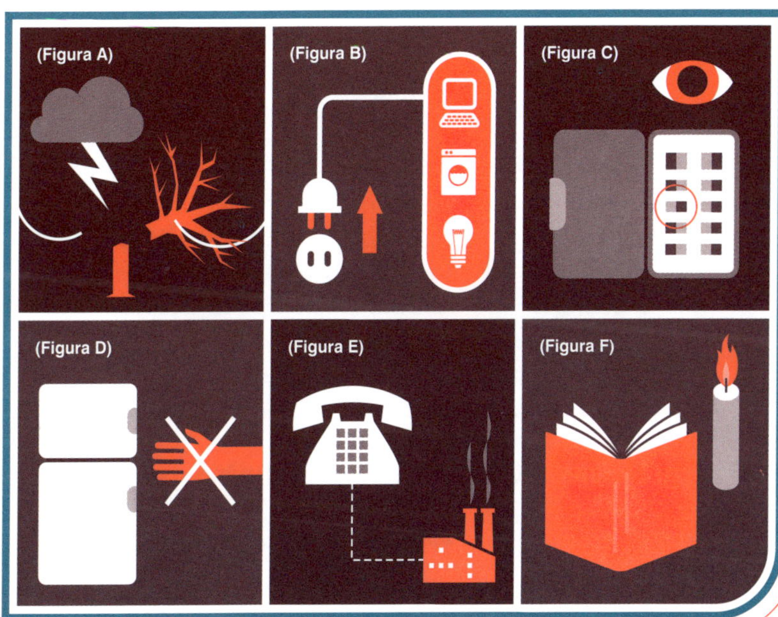

[4] Se a interrupção for durar mais do que duas horas, só abra o refrigerador quando for absolutamente necessário (Figura D); ao abrir, há perda do ar refrigerado. Verifique no quarto da sobrevivência (veja a página 117) se há necessidade de alimentos e outros suprimentos.

DICA DO ESPECIALISTA: *se uma interrupção durar mais do que 30 minutos, ligue para a empresa fornecedora de energia (Figura E) para notificar e perguntar se já há uma previsão para o retorno do serviço. Os telefones de atendimento ao cliente estão nas contas de luz ou na frente das listas telefônicas. Não ligue para 190 — a menos que a falta de luz tenha causado alguma emergência médica.*

[5] Encontre uma vela para acender e se essa luz for suficiente para você, comece a ler um bom livro (Figura F).

Emergências hidráulicas

Torneiras pingando

Um dos consertos domésticos de emergência mais comuns é corrigir vazamentos na cozinha ou em uma torneira do banheiro. Existem diferentes tipos de torneiras (veja as páginas 72 a 74). Quando a torneira tem uma única alavanca para ligar a água quente e a fria, é o modelo de cartucho esférico. Quando tem duas alavancas que precisam ser erguidas para controlar a água quente e fria, é a torneira com válvula de compressão. Mas, se a torneira tem duas alavancas que precisam ser abaixadas para controlar a água quente e fria, ela é do tipo chamado de compressão reversa.

Para consertar uma torneira com cartucho esférico

[1] Desligue o registro de abastecimento de água para a torneira.

[**2**] Use uma chave *allen* para remover a alavanca da torneira.

[**3**] Cuidadosamente, desatarraxe a porca de fixação com a mão ou com uma chave inglesa e retire da torneira.

[**4**] Remova o cartucho ou a esfera central do corpo da torneira. Alguns cartuchos são fixados por um grampo de retenção.

[**5**] Caso o cartucho, a esfera ou os anéis de vedação estejam desgastados ou estragados, troque-os. As peças de reposição estão disponíveis nas lojas de materiais de construção e, em geral, as embalagens têm instruções de instalação.

[**6**] Remonte o dispositivo, religue o registro de água e teste a torneira para ver se ainda tem vazamentos.

Para consertar torneiras de compressão ou compressão reversa

[**1**] Desligue o registro do abastecimento de água para a torneira.

[**2**] Retire a canopla da torneira usando uma pequena chave de fenda ou um estilete.

[**3**] Remova a contraporca e puxe o miolo da torneira.

[**4**] Conforme a necessidade, retire e substitua os anéis de vedação, as arruelas e o suporte da esfera. As peças de reposição estão disponíveis nas lojas de materiais de construção e, em geral, as embalagens têm instruções de instalação.

[**5**] Remonte o dispositivo, religue o registro de água e teste a torneira para ver se ainda tem vazamentos.

Ralo entupido na cozinha

Os ralos da cozinha são projetados para drenar com eficiência a água suja vinda da pia e da máquina de lavar pratos. Se a pia tiver um triturador, o ralo também poderá receber o lixo orgânico. No entanto, se o ralo tiver de suportar líquidos mais viscosos do que restos de sopa de legumes, os resíduos podem se acumular no sifão até que o fluxo de escoamento pare completamente. Para desentupir um ralo de cozinha:

[1] Retire todos os pratos sujos da pia e remova o filtro do ralo. Pegue um balde para colocar os restos de alimentos, o excesso de água e outros resíduos que estejam dentro da pia.

[2] Coloque o desentupidor (disponível nas lojas especializadas) sobre o ralo e comprima para baixo e, então, puxe para cima para criar sucção no encanamento (Figura A). Se a saída da máquina de lavar pratos estiver conectada ao encanamento da pia, use uma fita ou um pedaço de pano para vedar o fluxo de ar.

[3] Se o ralo continuar entupido, enfie uma sonda (disponível nas lojas especializadas) para fazer a limpeza (Figura B). Os ralos com trituradores de alimentos não têm acesso direto da boca de entrada até o sifão.

[4] Caso o ralo ainda esteja entupido, coloque uma tigela ou balde abaixo do sifão e cuidadosamente solte os anéis que seguram a parte inferior no lugar (Figura C). Limpe ou substitua a peça e drene os resíduos do encanamento de conexão antes de remontar o sifão.

[5] Se o ralo da pia da cozinha ainda estiver entupido, a causa pode ser mais interna no encanamento. Use uma sonda de desentupir mais longa (helicoidal) ou chame um encanador profissional para resolver o problema (Figura D).

DESENTUPIMENTO DA PIA
(Figura A)
LIMPEZA COM DESENTUPIDOR
(Figura B)
LIMPEZA COM SONDA
(Figura C)
LIMPEZA DO SIFÃO USANDO TIGELA OU BALDE
(Figura D)
CHAME UM PROFISSIONAL

DICA DO ESPECIALISTA: *as luvas plásticas de lavar louça são úteis na hora de desentupir ralos. São finas o bastante para não impedir a sensibilidade das mãos, mas protegem bem dos resíduos de alimentos e dos produtos químicos.*

Ralo entupido no banheiro

Os ralos de banheiro têm um funcionamento simples. A água passa pelo ralo e segue pelos encanamentos até a conexão com a rede de esgoto ou com o sistema de fossa séptica. Nos banheiros, os ralos entopem geralmente por causa do acúmulo de fios de cabelo. Para desentupir um ralo de banheiro:

[1] Retire o tampão do ralo. Alguns são só de puxar, outros são de rosca e há também os que precisam ser desencaixados da boca do ralo.

[2] Coloque o desentupidor (disponível nas lojas especializadas) sobre o ralo e comprima para baixo e, então, puxe para cima para criar sucção no encanamento.

DICA DO ESPECIALISTA: *embora os produtos desentupidores possam ser usados (com cuidado!) para limpar ralos entupidos, eles são mais úteis (e seguros) nos serviços de manutenção (veja a página 101). Colocar um produto cáustico no ralo e depois abrir o sifão pode queimar a pele ou fazer mal à saúde.*

[3] Se o ralo continuar entupido, enfie uma sonda (disponível nas lojas especializadas) para fazer a limpeza.

[4] Caso seja o ralo da pia e ele ainda esteja entupido apesar dos procedimentos listados nos itens anteriores, coloque uma tigela ou um balde abaixo do sifão e cuidadosamente solte os anéis que seguram a parte inferior no lugar. Limpe ou substitua a peça e drene os resíduos do encanamento de conexão antes de remontar o sifão.

[5] Se o ralo do banheiro ainda estiver entupido, a causa pode ser mais interna no encanamento. Use uma sonda de desentupir mais longa (helicoidal) ou chame um encanador profissional para resolver o problema.

Vaso sanitário entupido

Poucos problemas domésticos são tão urgentes quanto a limpeza de um vaso sanitário entupido. A melhor forma de evitar isso é não jogar objetos no vaso que o dispositivo não foi projetado para suportar. Para desentupir um vaso sanitário:

[1] Se a bacia estiver cheia, use um balde para retirar até a metade do conteúdo. Se a bacia estiver vazia, coloque mais água até chegar à metade.

[2] Coloque um desentupidor de sucção próprio para vasos sanitários (não o de pia) dentro da bacia sobre a boca de escoamento e rapidamente empurre e puxe. Assim que a água escoar, repita a operação para ter certeza de que o cano está limpo.

DICA DO ESPECIALISTA: *o desentupidor de pia é uma bola de borracha cortada ao meio, enquanto o desentupidor de vaso sanitário parece mais uma meia bola deformada. Cada um deles é projetado para um dispositivo diferente. Além disso, usar uma ferramenta da cozinha no banheiro, ou vice-versa, é um risco potencial à saúde.*

[3] Caso o desentupidor de sucção não resolva, enfie uma sonda helicoidal desentupidora pelo cano até o ponto em que estiver bloqueado. Gire a sonda para cutucar, mover ou furar o resíduo. Se a operação for bem-sucedida, use a seguir o desentupidor de sucção para se certificar de que o cano ficou limpo e desimpedido.

[4] Se os desentupidores de sucção e de sonda não resolveram o problema, chame um encanador profissional com equipamento e conhecimento especializado.

Cano quebrado

Um cano quebrado é uma emergência grande, especialmente se não for identificado até causar danos maiores na estrutura da casa ou em outros dispositivos domésticos. Para consertar um cano quebrado:

[1] Desligue o registro que controla o fluxo de água para o cano quebrado. Se o dano for entre um registro e um dispositivo, feche-o. Se não encontrar o registro do dispositivo, localize e feche o registro geral da casa. Se depois encontrar um registro mais próximo, feche-o e abra o geral da casa.

⚠ ***CUIDADO!*** *A água parada pode conduzir eletricidade. Quando consertar um cano quebrado, use um sapato com sola de borracha e mantenha longe da área aparelhos elétricos e fios.*

[2] Coloque um balde ou uma bacia sob o vazamento para minimizar os estragos em outros dispositivos da casa. Enxugue toda água parada na área.

[3] Se o dano for pequeno, conserte fazendo um remendo. Meça o diâmetro do cano e a largura do furo. Produtos para remendar canos são encontrados nas lojas de materiais de construção e podem ser usados para cobrir e vedar o cano danificado.

[4] Se o estrago for maior, faça a troca. Meça o diâmetro do cano e a largura do(s) furo(s). Dependendo do material do cano (cobre, ferro fundido ou plástico), substitua o trecho do encanamento, usando os materiais adequados de conexão e fixação. Os vendedores das lojas especializadas podem ajudar você a selecionar o cano e os materiais apropriados para fazer a substituição.

DICA DO ESPECIALISTA: *para identificar se sua casa está com vazamentos ocultos, primeiro, certifique-se de que todas as torneiras e os dispositivos (lavadora de roupa, lavadora de louça) estão fechados ou desligados e se o aquecedor de água não foi usado recentemente. Em seguida, encontre o hidrômetro, em geral localizado na frente da casa em uma caixa de alvenaria ou de metal. Os medidores do hidrômetro devem estar parados. Se estiverem em movimento, pode haver um vazamento de água entre o hidrômetro e a casa ou nas instalações hidráulicas dentro do imóvel. Está na hora de investigar melhor ou de chamar um encanador profissional.*

Vazamento no porão

Poças de água no porão podem se tornar uma emergência se o problema não for resolvido antes que o estrago aumente. Mesmo um espaço estreito e inabitado sob a casa pode se tornar um risco, caso a água parada danifique o subpiso ou o alicerce. Para reparar um vazamento no porão:

[**1**] Retire do local carpete, tapetes ou móveis que possam estragar com a água.

[**2**] Remova toda a água parada. Se a poça tiver mais do que 2,5 centímetros de profundidade, alugue uma bomba para sugar a água para fora o mais depressa possível.

[**3**] Procure a causa do vazamento. Se for um cano quebrado, conserte-o (veja como na página anterior). Caso o vazamento venha de um ralo externo entupido ou das calhas, resolva o problema com a limpeza dos resíduos ou redirecione o ralo. Quando o vazamento de água deriva de uma rachadura no concreto de uma parede estrutural, prepare a área e aplique o kit de remendo, seguindo as instruções de instalação que vêm na embalagem.

Falta de água quente

O sistema doméstico de aquecimento recebe água limpa do serviço público ou de um poço particular. A água é aquecida usando gás ou eletricidade e mantida em determinada temperatura até que alguém da casa ligue uma torneira de água quente para tomar banho ou use a máquina de lavar roupa. Quando um morador percebe que não há água quente disponível, deve seguir os seguintes passos:

[**1**] Verifique outra torneira de água quente para determinar se o problema é de um dispositivo ou se a causa é o aquecedor. Se o problema for em uma só torneira, procure um cano quebrado (veja a página 152).

[**2**] Cuidadosamente, encoste a mão no aquecedor de água para verificar se está funcionando. Se for um aquecedor a gás, certifique-se de que há abastecimento de combustível e que a chama-piloto está acesa. Caso seja um aquecedor elétrico, verifique o disjuntor ou fusível na caixa de comando geral.

⚠ ***CUIDADO!*** *Os aquecedores armazenam água quente sob pressão; por isso, seja cuidadoso ao trabalhar em volta desses aparelhos. Um termostato e uma válvula de escape com mau funcionamento podem fazer a água chegar a temperatura e pressão explosivas.*

[**3**] Antes de religar o aquecedor, primeiro desligue o registro e deixe que o gás se dissipe do ambiente. Siga as instruções no registro para reacender a chama-piloto, que, em geral, são: pressionar o botão-piloto e usar um fósforo para acender a chama por uma entrada lateral.

DICA DO ESPECIALISTA: *se a casa tem um único aquecedor, normalmente o aparelho fica instalado no porão, na garagem anexa ou perto da cozinha e dos banheiros, em um gabinete fechado ou atrás de um painel* *móvel. Casas maiores podem ter mais de um aquecedor de água, menores e instalados individualmente próximos aos banheiros ou à cozinha.*

Aquecedor de água pingando

Um aquecedor com vazamento pode aumentar a conta de água, assim como danificar dispositivos instalados nas proximidades. Como a água está sob pressão, os vazamentos costumam aumentar rapidamente. A inspeção periódica do(s) aquecedor(es) (veja as páginas 103 a 105) minimiza o custo dos consertos. Para reparar vazamentos em aquecedores de água:

[1] Identifique a causa do vazamento. Se estiver ocorrendo na junção entre o tanque e os canos, aperte as conexões. Caso seja no próprio tanque, substitua-o.

DICA DO ESPECIALISTA: *quando trabalhar perto de um aquecedor de água, use luvas e óculos de proteção.*

[2] Para apertar a conexão, primeiro, desligue a fonte de combustível e deixe a pressão do tanque voltar ao normal. Use uma chave inglesa para apertar todos os anéis de conexão, inclusive, o de entrada e saída de água no tanque. Também aperte o registro e a válvula de escape. Se for necessário fazer alguma substituição, considere a possibilidade de contratar um profissional especializado.

[3] Para trocar o tanque, primeiro, desligue a fonte de combustível e deixe a pressão voltar ao normal. Assim que o tanque esfriar, drene toda a água de dentro. Certifique-se de novo de que a fonte de combustível está desligada e faça a desconexão. Instale o novo tanque, seguindo as instruções do fabricante, ou considere a possibilidade de contratar um encanador.

Emergências no aquecimento e na refrigeração

Vazamento de combustível

Esses sistemas precisam de combustível para aquecer o ar. Os vazamentos de combustível podem ser perigosos para a casa e seus moradores ou, no mínimo, aumentar as despesas quando não são identificados. Dependendo do tipo de combustível utilizado, considere a possibilidade de usar um detector de vazamentos (disponível nas lojas especializadas) perto da caldeira do aquecedor. No caso de vazamento de combustível, faça o seguinte:

[1] Se o odor não for muito forte, a chama-piloto pode ter apagado. Desligue o aparelho e permita que o gás se dissipe do ambiente antes de reacendê-la. As instruções para acender o piloto, em geral, vêm impressas perto dos controles do aquecedor.

[2] Se o problema for um vazamento de combustível, esvazie a casa. Caso o combustível usado seja propano ou outro gás, deixe as portas e janelas abertas para facilitar a dissipação.

[3] Desligue o registro de combustível do lado de fora da casa. Os botijões de gás ou de óleo têm registros próprios.

[4] Do seu celular ou do telefone do vizinho, peça assistência à empresa fornecedora do combustível. Se a ajuda não estiver disponível, chame os bombeiros.

Falta de aquecimento

Embora ficar sem aquecimento nem sempre seja uma emergência, isso pode se tornar um grande desconforto. Caso se prolongue muito ou se as temperaturas baixarem muito no inverno, pode vir a ser uma emergência. Se a casa ficou sem aquecimento:

[1] Verifique o termostato para ter certeza de que o aparelho está ligado (*on*), no modo correto (calor) e que a temperatura está adequada. Se for necessário, programe o termostato para uma temperatura mais alta. A maioria dos sistemas de aquecimento demora de dois a cinco minutos para responder às mudanças de comando.

[2] Verifique o fornecimento de energia ou, se o sistema for elétrico, o disjuntor ou o fusível.

[3] Conforme a necessidade, use um sistema secundário de aquecimento (lareira, pequenos aquecedores de ambiente) enquanto o principal está sendo consertado.

[4] Certifique-se de que a porta da caldeira está bem fechada. Muitas têm um fecho intermediário que detém o funcionamento do aparelho quando não está devidamente fechado.

[5] Visual e auditivamente, inspecione alguns problemas óbvios no aparelho como uma correia frouxa ou o clique repetido dos relês de controle. Se um problema for detectado, desligue a caldeira e a fonte de energia e chame um técnico em sistemas de aquecimento.

Falta de refrigeração

Em geral, os problemas nos sistemas de refrigeração acontecem nos dias menos apropriados. Se a refrigeração falhar:

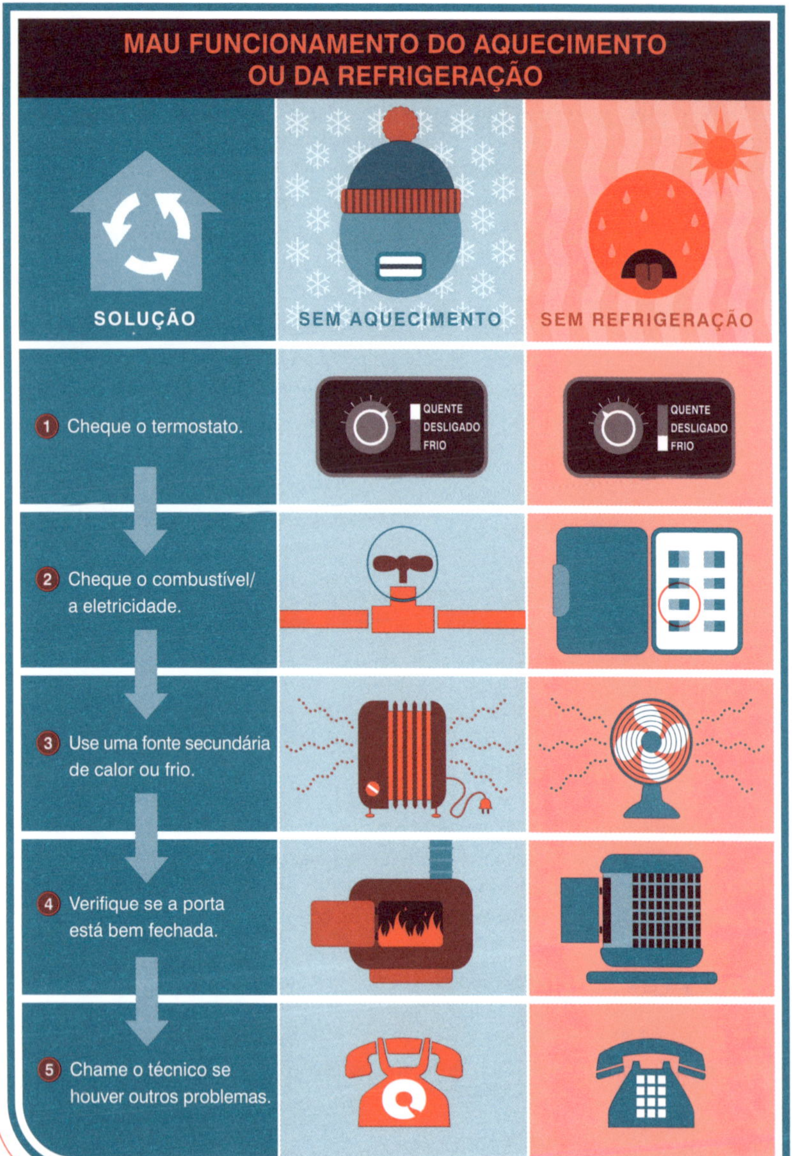
MAU FUNCIONAMENTO DO AQUECIMENTO OU DA REFRIGERAÇÃO
SOLUÇÃO
SEM AQUECIMENTO
SEM REFRIGERAÇÃO
1 Cheque o termostato.
QUENTE
DESLIGADO
FRIO
QUENTE
DESLIGADO
FRIO
2 Cheque o combustível/ a eletricidade.
3 Use uma fonte secundária de calor ou frio.
4 Verifique se a porta está bem fechada.
5 Chame o técnico se houver outros problemas.

[1] Verifique o termostato para ter certeza de que o aparelho está ligado (*on*), no modo correto (frio) e que a temperatura está adequada. Se for necessário, programe o termostato para uma temperatura mais baixa. A maioria dos sistemas de refrigeração demora de dois a cinco minutos para responder às mudanças de comando.

[2] Cheque o fornecimento de energia, o disjuntor ou o fusível.

[3] Conforme a necessidade, use um sistema secundário de refrigeração (ventiladores, ar-condicionado de chão) enquanto o principal está sendo consertado.

[4] Certifique-se de que a porta do aparelho está bem fechada. Muitos têm um fecho intermediário que detém o funcionamento da bomba de refrigeração se o aparelho não estiver devidamente fechado.

[5] Visual e auditivamente, inspecione alguns problemas óbvios no aparelho como filtros entupidos, barulhos estranhos ou botões desligados. Se um problema for detectado, desligue o aparelho e chame um técnico em sistemas de refrigeração.

MODELO H-07
Domo

[Capítulo 7]

Opções

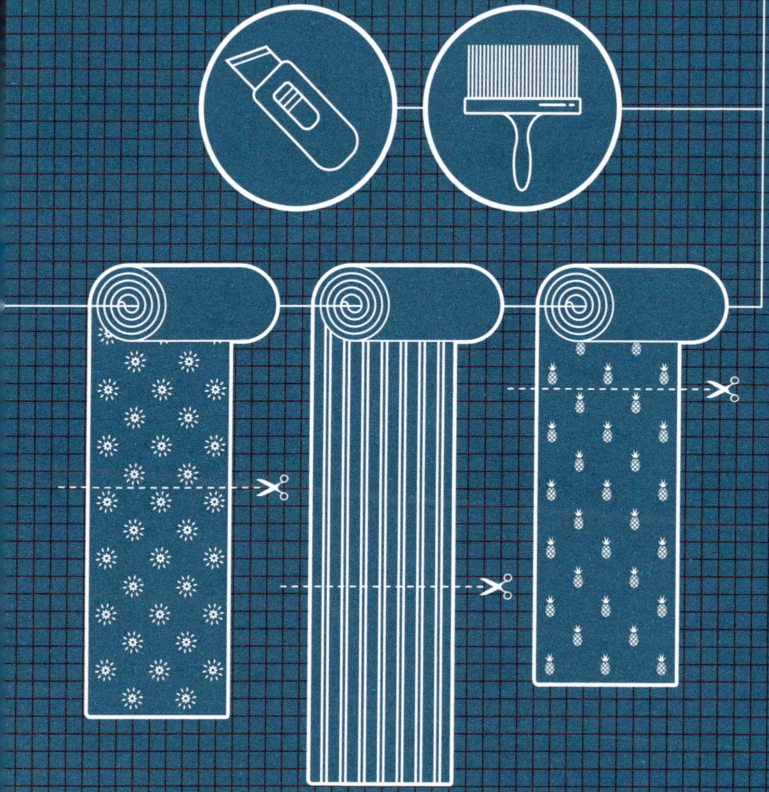

Decoração básica

Em geral, os imóveis recém-construídos são entregues com paredes em tons neutros, oferecendo ao primeiro morador a opção de adicionar cores e móveis. As casas que já foram habitadas anteriormente podem incluir cores e componentes que não combinam com o gosto do novo dono. Nos dois casos, a solução é fazer a decoração.

Decorar é enfeitar e aprimorar, o que sempre está sujeito às preferências individuais. Essas predileções são traduzidas na casa pelos proprietários, moradores ou por decoradores profissionais, dependendo do gosto, da habilidade e do orçamento de cada um.

O método básico para decorar uma casa é a pintura e a instalação de revestimentos em paredes e pisos. Além disso, os moradores podem decorar com móveis novos, de acordo com seu gosto.

Pintura de interior

O Capítulo 4 deu orientação sobre a manutenção interna, o que incluiu a pintura. Muitos moradores também usam a pintura como uma forma de decorar. Fazer isso exige mais planejamento e esforço do que simplesmente fazer a manutenção da pintura. Os passos, no entanto, são os mesmos: preparar a superfície, escolher as tintas, selecionar as ferramentas apropriadas, reunir os acessórios necessários, realizar o processo de pintura e limpar a área e os materiais depois de tudo pronto.

Preparação das superfícies

As superfícies interiores que podem ser pintadas incluem paredes, tetos, batentes, portas e janelas. Em cada caso, a superfície precisa ser preparada antes da aplicação da tinta para otimizar a adesão e a duração. A preparação da maioria das superfícies exige reparo e limpeza.

Para consertar superfícies antes de pintar:

[1] Identifique todas as imperfeições nas superfícies de paredes, tetos e batentes nos ambientes que serão decorados. Cole um pedaço de fita adesiva colorida perto da imperfeição para marcar o local e retire quando tiver feito o reparo.

[2] Use uma espátula ou um objeto pontiagudo para remover todo o material danificado e solto. Se for necessário, martele cuidadosamente os pregos que estejam aparentes para nivelá-los com a superfície. Conforme a necessidade, use uma pasta feita com gesso para recobrir as juntas entre os painéis.

[3] Para pequenos buracos ou saliências, aplique massa corrida seguindo as instruções do fabricante (na embalagem). O tempo de secagem normalmente é de cerda de trinta minutos.

[4] Para danos maiores, use um kit de remendo para painéis cartonados ou aplique gesso (dependendo do tipo de parede), seguindo as instruções do fabricante. Se for pintar depois, podem ser necessárias duas demãos, o que vai aumentar o tempo necessário para secar.

DICA DO ESPECIALISTA: *os kits de remendo para painéis cartonados, que incluem tecido e gesso, estão disponíveis nas lojas especializadas. Escolha o tipo e o tamanho corretos (parede ou teto) para fazer o conserto e siga as instruções do fabricante.*

Para limpar superfícies antes de pintar:

DICA DO ESPECIALISTA: *selecione o produto limpador de acordo com o acabamento das paredes: painéis de gesso cartonado, pintura, madeira ou alvenaria. Peça recomendações ao vendedor da loja especializada.*

[1] Compre uma embalagem de fosfato trissódico em uma loja de materiais de construção ou especializada em pintura. Para limpeza de média a pesada, a diluição do produto, em geral, é de 50 ml a 100 ml para três litros de água. Como alternativa, existem outros produtos para a limpeza de superfícies disponíveis nas lojas especializadas — menos cáusticos e também menos efetivos.

⚠ ***CUIDADO!*** *O fosfato trissódico é um limpador forte que pode irritar os olhos e a pele desprotegida. Ponha luvas de limpeza e óculos de proteção quando for usar o produto. Se o produto entrar em contato com a pele, lave imediatamente com água limpa. Não aplique o fosfato trissódico em metais ou dispositivos hidráulicos. Assim que a superfície estiver limpa, o produto deve ser totalmente enxaguado.*

[2] Aplique o limpador na superfície, seguindo as instruções do fabricante. Normalmente, use um pano ou uma esponja umedecida na solução e passe na parede. Uma diluição muito forte pode estragar as paredes feitas de painéis cartonados.

[3] Enxágue a superfície para remover todo resíduo do limpador. Use um pano ou uma esponja umedecida em água limpa para fazer esse serviço.

[4] Deixe que a superfície seque completamente antes de aplicar o produto de fundo (*primer*) ou a tinta.

Escolha de tintas

Uma grande variedade de tintas está disponível e a maioria dos consumidores acha o processo de selecioná-las tão assustador quanto a pintura em si das paredes. No entanto, as duas tarefas podem ser bem simplificadas com a ajuda dos vendedores das lojas especializadas.

Tipos de tinta

Tintas são uma mistura de cor (pigmento) em uma base líquida: esse líquido pode ser água ou resinas sintéticas. As tintas látex (à base de água) são as mais populares para pintar superfícies internas e externas porque aderem bem e são fáceis de limpar. As tintas com resinas sintéticas são mais duráveis e mais resistentes à umidade.

As tintas látex podem incluir ingredientes adicionais para fazê-las durar mais ou ficar mais fáceis de limpar. O verniz é um acabamento transparente ou semitransparente que possibilita a visualização da superfície abaixo da pintura; sua aplicação é especialmente popular nas paredes exteriores de madeira. A tinta acrílica é uma resina sintética que aumenta a duração da pintura. A tinta epóxi é uma resina derivada do petróleo que torna a pintura ainda mais durável. As tintas esmalte dão acabamento resistente e liso e são usadas, principalmente, em superfícies maiores.

Os fundos (*primers*) são semelhantes às tintas, mas são aplicados para cobrir e selar as superfícies. São usados, principalmente, quando a superfície a ser pintada está danificada, manchada, ou a cor que será aplicada é muito diferente da antiga. Os vendedores das lojas especializadas em tintas e materiais de construção podem ajudar a selecionar o fundo mais adequado para acabamentos internos e externos.

A melhor cor de tinta é uma questão subjetiva. Os especialistas em decoração, porém, sugerem que as cores quentes sejam usadas em ambientes interiores com face sul e os tons pastéis em cômodos com face norte. As cores frias podem ser aplicadas em interiores com face leste ou oeste. A cor externa do imóvel pode ser escolhida para combinar ou contrastar com o ambiente em volta, dependendo do gosto dos moradores.

DICA DO ESPECIALISTA: *quando for escolher a cor, reduza as opções usando o catálogo de tintas disponível nas lojas especializadas. Compre e aplique algumas amostras das tintas antes de fazer sua escolha definitiva. Todas as tintas parecem um pouco diferente quando aplicadas na parede, dependendo do material da superfície, das cores anteriores, da luminosidade do ambiente e das cores dos outros objetos. Assim que a cor definitiva for selecionada, certifique-se de que o vendedor marcou o nome ou a fórmula da tinta na tampa da lata, caso seja necessário comprar mais.*

Escolha e utilização das ferramentas de pintura

As ferramentas básicas de pintura incluem aplicadores (brochas, pincéis e esponjas) e acessórios (bandejas, escadas). Os *sprays* elétricos ou pneumáticos são uma opção, mas a economia do tempo de aplicação em grandes superfícies é toda investida na preparação e na limpeza. As bombas de pressão que levam tinta para rolos e esponjas também podem reduzir o tempo de pintura, mas exigem mais preparação e limpeza também. A escolha depende do tamanho da superfície a ser pintada e da frequência com que a tarefa é realizada.

Os pincéis mais comuns são:

Ponta chata e pelos longos

Ponta redonda

Ponta chanfrada (angular)

Limpador de poeira

Para verniz em madeira

Os pincéis são encontrados com cerdas naturais ou sintéticas ou, ainda, feitos de espuma. Os moradores de imóveis que planejam realizar um grande projeto de pintura preferem investir em pincéis de cerdas naturais, limpando-os muito bem depois do uso para aumentar a durabilidade. As cerdas naturais são mais indicadas para a aplicação de resinas sintéticas. Os pincéis com cerdas sintéticas, por sua vez,

oferecem boa relação custo-benefício para pintar somente um ou dois ambientes de vez em quando e também para a aplicação das tintas à base de água. Os aplicadores descartáveis de espuma são úteis para fazer pequenos retoques porque não precisam ser limpos.

Os rolos incluem uma estrutura (suporte) com um cabo e o prendedor. Assim como com os pincéis, os rolos de melhor qualidade são mais indicados para serviços maiores ou que exijam melhor acabamento. Escolha rolos de 6 cm para superfícies lisas, de 1,3 cm para superfícies texturizadas e os de 2 cm para estuque, blocos de concreto ou outras superfícies ásperas. Os rolos padrão têm 22,9 cm de largura, mas os menores estão disponíveis para dar acabamento em áreas pequenas.

As esponjas são úteis em áreas pequenas ou para acabamento. As bandejas servem para colocar a tinta, molhar o rolo ou a esponja e eliminar os excessos.

DICA DO ESPECIALISTA*: para limpar a bandeja com facilidade, cubra-a com uma folha de alumínio e, quando terminar o serviço, jogue fora.*

Seleção de outros materiais de pintura

Existem numerosas ferramentas e materiais à disposição para facilitar o trabalho de pintura e limpeza. A mais popular é a fita adesiva e o plástico de cobertura do chão. A fita usada nas atividades de pintura é parecida com as outras, mas um pouco menos adesiva para facilitar a retirada. As medidas padrão são: 2,5 cm para recobrir a beirada dos vidros das janelas e outras áreas pequenas, e a de 5,1 cm para prender as bordas da cobertura plástica no chão. A cobertura plástica vem em folhas e deve ser usada para colocar sobre o chão, as plantas do jardim e sobre os móveis na pintura interna. O plástico é cortado com tesoura doméstica e fixado com a fita adesiva.

⚠ ***DICA DO ESPECIALISTA:*** *o plástico de cobertura é mais barato e mais fácil de usar do que a maioria dos produtos de limpeza, por isso, seja generoso ao cobrir as áreas de trabalho, assim como ao proteger os objetos que não devem ser respingados de tinta. Fique atento, porém, porque quando colocado no chão, o plástico fica escorregadio.*

Processo de pintura

Na maioria das atividades de pintura, comece pelos batentes de portas e janelas que, em geral, têm mais bordas e curvas e são mais difíceis de cobrir corretamente com a tinta. A tinta do batente pode respingar um pouco nas paredes em volta, mas depois você retira facilmente ou cobre com a tinta usada nas paredes para um resultado de mais qualidade.

Para pintar batentes de portas e janelas:

[1] Pinte as superfícies horizontais antes das verticais.

[2] Aplique a tinta primeiro no centro e depois puxe para as bordas.

[3] Quando pintar uma borda, aplique a tinta horizontalmente perto da borda e, então, puxe a tinta verticalmente na lateral do batente para controlar o excesso e obter um resultado mais uniforme.

Para pintar salas e superfícies maiores:

[1] Retire todos os espelhos de tomadas e luminárias. Se um dispositivo não puder ser removido, use a fita adesiva para cobrir em volta e protegê-lo da aplicação de tinta.

[2] Remova todos os móveis pequenos do ambiente. Os maiores podem ser juntados no centro do ambiente e cobertos com plástico.

[3] Conforme a necessidade, repare (veja a página 95) ou limpe (página 162) a superfície do cômodo.

[4] Se for necessário, aplique uma demão de fundo (*primer*) para selar a superfície.

DICA DO ESPECIALISTA: *pinte os forros antes de pintar as paredes.*

[5] Usando pincel ou esponja, aplique tinta nas bordas em que os rolos não alcançam com facilidade.

[6] Aplique a tinta usando o rolo em todas as superfícies mais amplas e fáceis de alcançar com essa ferramenta. Pinte em áreas de 9 metros, sempre no sentido das bordas para o centro.

[7] Continue pintando as paredes de outros ambientes, se for necessário.

DICA DO ESPECIALISTA: *para diminuir o risco de acidentes, sempre deixe a lata de tinta no mesmo lugar em relação ao pintor e mova-a apenas de acordo com a necessidade. Quando o pintor não sabe direito onde está a lata, pode chutá-la acidentalmente e espalhar tinta.*

[8] Deixe a tinta secar (veja instruções do fabricante na lata) antes de decidir se aplicará uma segunda demão ou vai usar esponja ou outras ferramentas decorativas para fazer desenhos nas paredes.

Limpeza

Uma limpeza eficiente pode facilitar muito a tarefa da pintura. A vantagem básica da tinta à base de água sobre as resinas é a facilidade para limpar. As resinas precisam ser retiradas de pincéis, rolos e dos demais

acessórios com solventes especiais. A vantagem dos materiais descartáveis é que não precisam ser limpos, embora, se for retirada a tinta, eles poderão voltar a ser utilizados.

DICA DO ESPECIALISTA: *se o trabalho de pintura não terminou e vai ser retomado em até 24 horas, os pincéis podem ser embrulhados em celofane ou folhas de alumínio sem limpeza. Caso o serviço prossiga dentro de alguns dias, os pincéis devem ser embrulhados e colocados no freezer.*

Para limpar depois que a pintura está pronta:

[1] Limpe o excesso de tinta da borda e do exterior da lata e recoloque a tampa. Para vedar a lata sem respingar tinta, coloque papel jornal sobre a tampa e depois a coloque no lugar.

[2] Use panos velhos ou estopa para remover o excesso de tinta de pincéis, rolos, esponjas e demais acessórios.

[3] Limpe todos os pincéis, rolos, esponjas e acessórios com água (tinta látex) ou solventes (resinas). Deixe todo o material secar completamente antes de guardar.

[4] Jogue fora com segurança todos os resíduos. Embrulhe o material usado na aplicação e limpeza de tinta látex em sacos plásticos. Verifique com o serviço local de recolhimento de lixo a melhor forma de descartar os solventes.

DICA DO ESPECIALISTA: *deixe as latas vazias de tinta látex secando ao sol. Depois retire a camada seca de tinta e descarte. A lata limpa deve ser reciclada.*

Revestimento de paredes

Existem inúmeros outros produtos de revestimento das paredes, além das tintas. Os painéis de lambris, que já foram populares, estão sendo substituídos por papel de parede e outros materiais mais decorativos. O papel, que é hoje o mais popular, também costuma ser instalado sobre paredes pintadas previamente (o revestimento de parede atualmente é feito de papel, vinil ou outros produtos).

A vantagem básica do papel de parede são as cores, padrões e texturas disponíveis que, dificilmente, podem ser reproduzidas com tintas e outros materiais de pintura. O custo pode ser mais barato do que outros produtos, principalmente se o proprietário do imóvel assumir o serviço de instalação.

DICA DO ESPECIALISTA: *visite uma loja especializada ou uma grande loja de materiais de construção para conhecer os lançamentos e retirar amostras. Além de papel e vinil, os revestimentos estão disponíveis em laminados, flocos, tecidos e outros produtos. Papel de parede com relevo pode dar textura às paredes. Os murais dão um efeito cênico aos ambientes. Em geral, adolescentes adoram murais em seus quartos.*

Preparação das superfícies

A instalação bem-sucedida do papel de parede exige qualidade na preparação. O revestimento precisa de uma superfície lisa e limpa na qual possa aderir com facilidade. Para preparar a superfície para o papel de parede:

[1] Retire todo material anterior de revestimento. Os painéis são fixados com parafusos ou pregos que podem ser retirados e os materiais adesivos podem ser removidos com aquecimento. Os papéis de parede velhos

podem ser retirados com as mãos, usando produtos químicos ou com vaporizadores. Para determinar a melhor forma de remoção do revestimento anterior, teste em uma área dentro de um armário ou atrás de uma porta.

DICA DO ESPECIALISTA: *os vaporizadores para remover papel de parede e outras ferramentas para essa tarefa estão disponíveis nas lojas de aluguel de equipamentos. Peça ao vendedor que lhe dê as orientações necessárias para usar o aparelho.*

[**2**] Conserte a superfície da parede (veja a página 95 conforme a necessidade para deixá-la bem lisa.

[**3**] Limpe a superfície com fosfato trissódico ou outro produto limpador (veja a página 162), se for preciso. Enxágue a parede e deixe secar. Siga as instruções de pré-instalação incluídas na embalagem do novo papel de parede.

Instalação do papel de parede

Vários tipos de papel de parede estão disponíveis, dependendo da dificuldade de instalação. Existe o papel sem cola, com cobertura de cola seca e com cobertura de cola pronta e todos oferecem diferentes níveis de conveniência e preço. O papel sem cola requer que o morador aplique uma camada de adesivo especial antes de colocar sobre a parede. O papel com cola seca precisa ser mergulhado em água para ativar a camada adesiva. O papel com cola pronta precisa que o morador retire a camada de trás antes de aplicar. Em geral, as instruções para preparar o papel sem cola, com cola seca e com cola pronta estão na embalagem do produto.

Para instalar o papel de parede com cola seca:

[**1**] Pinte todos os batentes de portas, janelas e rodapés (veja a página 168), antes de instalar o papel.

INSTALAÇÃO DO PAPEL DE PAREDE

1. Pinte todos os batentes antes.
2. A primeira folha sobrepõe 1,3 cm sobre a parede lateral.
3. Elimine as bolhas de ar com uma escova ou esponja.
4. Apare as sobras de cima e de baixo com uma tesoura ou um estilete.
5. Corte as folhas pelo menos 15 cm maiores do que a parede.
6. Sobreponha as folhas entre si com uma sobra de 1,3 cm.
7. Acerte o padrão da estampa.

[2] Comece pelo canto menos visível do cômodo. Marque e aplique a primeira folha de papel com uma sobra de 1,3 cm sobre a parede com que faz canto. Verifique se a folha está perpendicular e a estampa nivelada. Use uma escova ou esponja para eliminar as bolhas de ar por trás do papel.

[3] Cuidadosamente, apare a sobra de papel na parte de cima e de baixo, usando uma tesoura ou um estilete.

[4] Corte a próxima folha, pelo menos, 15 cm maior do que a parede para conseguir combinar o padrão da estampa.

[5] Aplique a próxima folha de papel de parede, deixando uma sobreposição de 1,3 cm e acerte a estampa entre elas. Apare em cima e em baixo.

[6] Continue a instalar as folhas ao redor das paredes da sala, aparando cuidadosamente em volta de janelas, portas e outros componentes permanentes das paredes.

Revestimento do chão

A decoração de uma casa também inclui a substituição do revestimento do piso. Os moradores podem escolher e instalar uma ampla variedade de produtos com ferramentas simples e que estão disponíveis para alugar. Entre esses produtos estão carpetes, laminados de madeira, de cerâmica e revestimentos de vinil.

Instalação de carpete

Os carpetes são os revestimentos de piso mais populares. Embora a maioria dos moradores prefira contratar instaladores para fazer o trabalho, algumas tarefas simples podem ser realizadas sem ajuda profissional. Os carpetes são vendidos em rolos, em geral com 3,6 m de largura, que são cortados antes da entrega em domicílio e depois unidos

na instalação. O forro é entregue em rolos e cortado no local de acordo com as medidas dos cômodos. Os materiais e as ferramentas incluem fitas de aderência (para prender a borda do carpete ao forro no chão), rejuntadores, fitas e guarnição para o acabamento sob o batente das portas. Para instalar carpete:

[1] Nivele o subpiso ou a superfície antiga do piso, tapando buracos grandes ou rachaduras.

[2] Instale a fita de aderência (disponível nas lojas de materiais de construção) em torno de todo o perímetro do cômodo, usando um martelo e uma serra.

[3] Coloque o forro desde a beirada da fita de aderência e prenda no lugar com um grampeador profissional.

[4] Desenrole e corte o carpete nas dimensões do ambiente, juntando as partes, quando necessário, com fita rejuntadora de cola quente e uma ferramenta para rejunte (disponível em lojas de aluguel de equipamentos).

[5] Use esticadores (disponível em lojas de aluguel de equipamentos) para tensionar bem o carpete sobre o piso e prenda todo o perímetro sobre as fitas de aderência.

[6] Cuidadosamente, corte com um estilete o excesso de carpete encostado nas paredes.

Instalação de piso de madeira

Nos últimos vinte anos, os pisos laminados de madeira evoluíram muito e se tornaram fáceis de caber em projetos de decoração e em todos os orçamentos. Os pisos antigos de madeira tinham 1,9 cm de espessura e precisam ser lixados e acabados no local da instalação.

Os novos têm espessura entre 0,95 cm e 1,9 cm e já vêm acabados, prontos para serem instalados no lugar. Os mais modernos pisos laminados de madeira são mais finos e unidos sem pregos para facilitar a instalação. Para instalar laminados de encaixe ou com pregos:

[1] Nivele o subpiso ou a superfície antiga do piso, tapando buracos grandes ou rachaduras.

[2] Para pisos flutuantes, instale espuma sobre o subpiso. Para suporte em madeira, aplique o adesivo conforme as recomendações do fabricante.

[3] Instale a primeira lâmina de piso, seguindo as instruções do fabricante, junto à parede mais comprida do cômodo, certificando-se de que a face com o encaixe não ficou virado para a parede. Para piso fixado com pregos, use uma pistola especial (disponível em lojas de aluguel de equipamentos) para instalar a primeira fileira.

[4] Continue instalando as lâminas sobre o subpiso, encaixando ou pregando, conforme o tipo de material escolhido.

[5] Apare as bordas das lâminas próximas às paredes.

[6] Instale as tiras de acabamento e as guarnições sob o batente das portas, de acordo com o recomendado pelo fabricante do laminado.

DICA DO ESPECIALISTA: *a instalação de pisos de madeira está descrita em vários livros. As instruções oferecidas aqui são um guia para o morador avaliar se dispõe das habilidades necessárias ou se deve contratar um instalador profissional.*

Instalação de piso de cerâmica

Os pisos cerâmicos podem ser instalados por moradores ambiciosos no faça-você-mesmo; a tarefa não é difícil, mas dá bastante trabalho. Para instalar o piso cerâmico:

[1] Nivele o subpiso ou a superfície antiga do piso, tapando buracos grandes ou rachaduras.

[2] Marque o ponto de início e as linhas de referência no chão. O ponto de início é próximo ao centro do cômodo, ajustado para minimizar o número de lajotas que precisarão ser cortadas nas bordas. Defina duas linhas de referência perpendiculares, que se cruzem, formando uma cruz sobre o ponto de início. Isso vai servir para guiar a instalação das lajotas.

[3] Espalhe a argamassa com uma desempenadeira dentada, de acordo com as instruções do fabricante. Em geral, o cimento é espalhado em pequenas áreas para tornar a instalação mais fácil.

[4] Coloque a primeira lajota no ponto de início e entre as duas linhas de referência.

DICA DO ESPECIALISTA: *se for colocar rejunte entre as lajotas, use o espaçador (disponível em lojas de materiais de construção) entre as unidades para deixar espaço e facilitar a aplicação da massa de rejunte posteriormente.*

[5] Instale as lajotas seguintes a partir da primeira e sempre encostando em uma das linhas de referência.

[6] Continue instalando a cerâmica sobre o subpiso.

(Figura A)
INSTALAÇÃO DE CARPETE
1 Instale as fitas de aderência.
2 Instale o forro.
3 Desenrole o carpete.
4 Puxe bem com os esticadores.
5 Apare o excesso nas bordas.
1
2
3
4
5
INSTALAÇÃO DO REVESTIMENTO DE PISO: antes de colocar

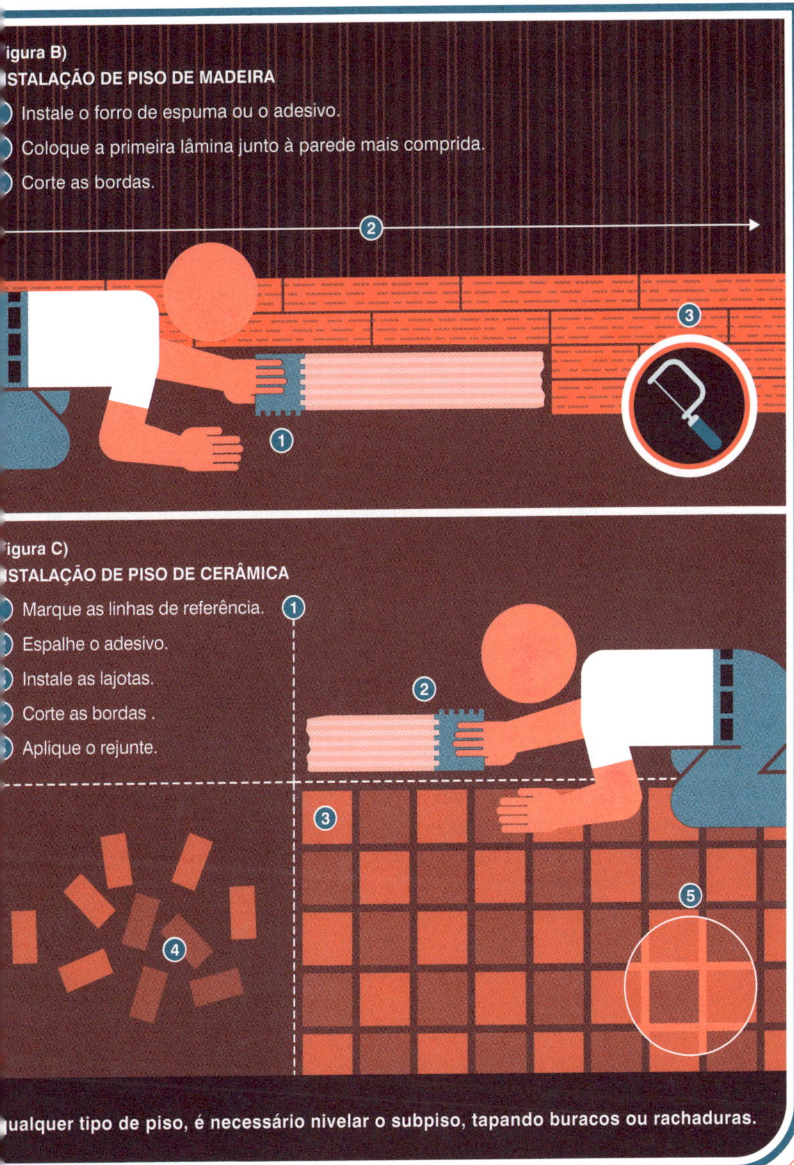
igura B)
STALAÇÃO DE PISO DE MADEIRA
Instale o forro de espuma ou o adesivo.
Coloque a primeira lâmina junto à parede mais comprida.
Corte as bordas.
2
3
1
igura C)
STALAÇÃO DE PISO DE CERÂMICA
Marque as linhas de referência.
Espalhe o adesivo.
Instale as lajotas.
Corte as bordas .
Aplique o rejunte.
1
2
3
4
5
ualquer tipo de piso, é necessário nivelar o subpiso, tapando buracos ou rachaduras.

[7] Apare a borda das lajotas que encosta nas paredes, se necessário, com um cortador especial (disponível nas lojas de aluguel de equipamentos ou nas especializadas em materiais de construção).

[8] Se for usar rejunte, retire os espaçadores e aplique nos vãos entre as lajotas, conforme as instruções do fabricante. Em geral, o rejunte é forçado no espaço entre as lajotas e o excesso removido depois. A superfície cerâmica precisa ser lavada e enxaguada antes do uso. Alguns rejuntes precisam de um acabamento selador para manter fora a umidade. Peça recomendação ao vendedor da loja especializada.

Instalação de piso de vinil

Os pisos de vinil ou emborrachados eram chamados antigamente de linóleos, mas esse nome não se usa mais. Esse revestimento é comercializado em rolos ou em quadrados. Nos dois formatos, a instalação é basicamente a mesma:

[1] Nivele o subpiso ou a superfície antiga do piso, tapando buracos grandes ou rachaduras.

[2] Para instalar o piso de vinil em quadrados: marque o ponto de início e as linhas de referência no chão. O ponto de início é próximo ao centro do cômodo, ajustado para minimizar o número de quadrados que precisarão ser cortados nas bordas. Defina duas linhas de referência perpendiculares, que se cruzem, formando uma cruz sobre o ponto de início. Isso vai servir para guiar a instalação das placas.

[3] Para instalar piso de vinil em rolos: faça um molde em papel em tamanho real do cômodo que vai receber o piso, incluindo os cortes para instalações hidráulicas. Em um ambiente maior, como o piso de uma garagem, use o molde para cortar o piso de vinil em rolo.

[4] Espalhe o adesivo de acordo com as instruções do fabricante. Em geral, o adesivo é espalhado em pequenas áreas para facilitar a instalação. Alternativamente, as placas de piso de vinil podem ser fixadas com grampos no perímetro do cômodo e as demais podem ter cola pré-aplicada na parte de trás.

[5] Instale o acabamento junto às paredes e a guarnição sob o batente das portas.

Buscando ajuda profissional

Os procedimentos de decoração descritos neste capítulo devem servir como uma visão geral das atividades de pintura, instalação de papel de parede e de revestimentos de piso. Orientações adicionais dos fabricantes, varejistas ou de outros livros são necessárias para efetivamente realizar o trabalho, dependendo do produto e do nível de habilidade do morador do imóvel.

A função alternativa dessa visão geral é ajudar os moradores da casa a avaliar se o trabalho poderá ser feito por um dos moradores ou se será necessário contratar um profissional. Caso seja procurada a ajuda de um profissional, as instruções desse guia podem ajudar o morador a discutir o projeto de reforma.

Um empreiteiro é um profissional com um contrato por escrito para realizar determinada tarefa. Sendo um generalista, ele pode subcontratar outros profissionais para fazer algum trabalho. Pessoas habilidosas podem fazer pintura, instalar papel de parede e colocar revestimento de piso, trabalhando sem licença oficial, mas é bom saber que nem sempre essas pessoas estão no mercado formalmente, ou seja, pode ser que muitos trabalhem na informalidade. A vantagem de contratar alguém que forneça documentação para o cliente é um recurso adicional, caso haja algum problema, mas infelizmente os documentos não garantem a qualidade do trabalho.

Os projetos que objetivam grandes melhorias em um imóvel são chamados de reformas e serão tratados no próximo capítulo.

MODELO H-08 *Federal*

[Capítulo 8]

Reformas

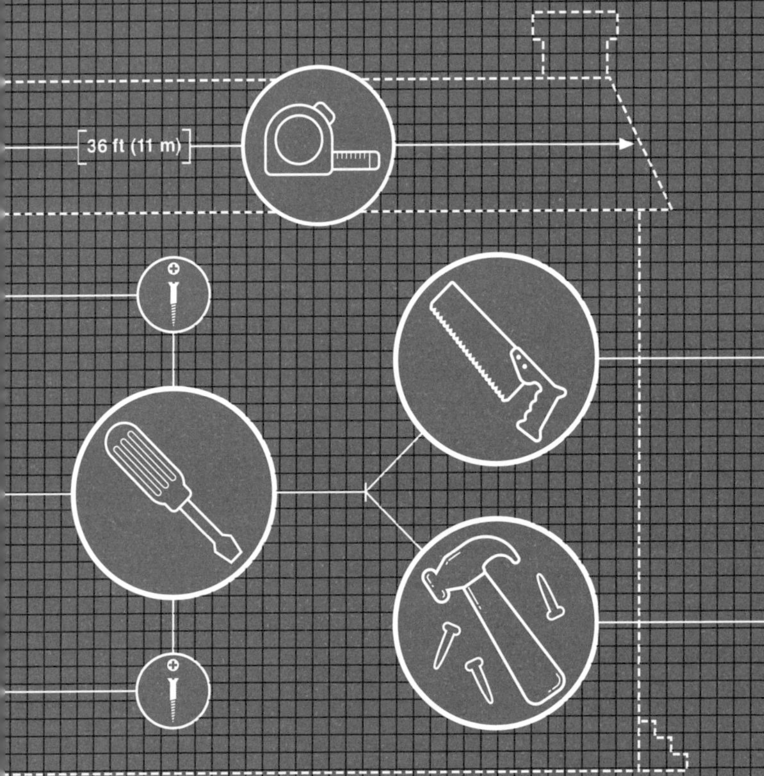

Os benefícios da reforma

Assim que os moradores terminam de se instalar, eles começam a fazer a lista para transformar a casa em sua versão 2.0:

- Reformar a cozinha.
- Reformar um ou mais banheiros.
- Reformar o quarto de hóspedes.

Eles estão aprimorando a casa. Há excelentes razões para fazer reformas, entre elas o compromisso de permanecer no imóvel, a melhoria das condições de habitação e o aumento do valor.

Compromisso de permanecer na casa

Quando os moradores assumem o compromisso de comprar um imóvel, começa o trabalho. Fazer a mudança. Escolher os móveis e os equipamentos. Decorar. Manter e consertar. Transformar o imóvel em uma casa confortável. Os moradores fazem um investimento financeiro, físico e emocional em determinada casa e são recompensados com uma vida melhor. Conforme mudam as necessidades, os desejos e as habilidades dos moradores, o imóvel tem de atender essas demandas ou ser trocado. Como mudar de casa exige um processo intenso para a nova instalação, a maioria dos moradores decide fazer uma reforma. O dinheiro economizado pela opção de não mudar pode ser usado na melhoria do imóvel. Além disso, os moradores têm a possibilidade de usar a casa atual como garantia para financiar um empréstimo para a reforma.

Melhorar as condições de habitação

A casa deve atender às necessidades e conveniências de seus moradores. Um imóvel que não corresponde mais às expectativas pode ser substituído, mas a maioria precisa apenas de uma reforma para se tornar mais habitável. Por exemplo, uma casa que não tem armários suficientes para todos os moradores: é mais fácil reformar do que trocar. Em geral, é mais fácil adicionar um banheiro ao imóvel do que mudar e ter que reinstalar os moradores. No entanto, se a casa realmente não atende mais às necessidades ou se é preciso mudar de cidade, toda a família deve se engajar na busca de um novo imóvel e de um comprador para o atual. Nesse caso, a família precisa usar todo o conhecimento que já adquiriu sobre a propriedade de uma casa para encontrar outra que seja mais habitável.

Aumentar o valor do imóvel

Na maioria dos mercados, o investimento em imóveis é um excelente negócio, multiplicando o dinheiro aplicado muito mais do que outros ativos. Investir em reformas aumenta o valor do retorno financeiro futuramente. Além disso, os moradores são recompensados com a melhoria das condições de habitação. A questão é ter certeza de que o investimento em reformas trará o resultado financeiro esperado. Felizmente, reformas bem planejadas em cozinhas, banheiros e outros cômodos básicos da casa costumam oferecer bons retornos, especialmente se os moradores do imóvel cuidarem das tarefas ou se ajudarem na reforma.

DICA DO ESPECIALISTA: *o valor real do imóvel (valor atual de mercado menos o que ainda não foi pago ao financiamento) pode ser usado como garantia para tomar outro empréstimo, em geral, chamado de financiamento da reforma. O processo de obtenção é bem parecido com o do financiamento inicial* *(veja a página 56)**.*

Reforma básica

A reforma é a alteração da estrutura atual do imóvel. Construir mais cômodos na casa ou, na maioria dos casos, apenas mudar e aprimorar os que já existem. Sendo assim, a reforma básica é menos dispendiosa do que o acréscimo de cômodos.

⚠ ***CUIDADO!*** *Os projetos de reforma podem dar muito trabalho. As instruções deste capítulo devem servir apenas como um guia para orientar o morador.*

Planejamento

A chave de todo projeto de reforma é o planejamento. Reformas mal planejadas custam mais dinheiro, demoram mais tempo e apresentam resultados menos satisfatórios. O primeiro passo do planejamento de uma reforma é definir as necessidades que precisam ser atendidas:

- O que o cômodo reformado vai oferecer aos moradores?
- Quais necessidades primárias e secundárias que serão atendidas?
- A principal função do cômodo reformado será aumento de capacidade de acomodação, praticidade ou decorativa?
- Quais são as funções secundárias e terciárias do cômodo?
- Quais são os limites financeiros e de prazo para o projeto de reforma?
- Em quanto a reforma vai incrementar o valor do imóvel?
- Que características os moradores necessitam (1) e desejam (2) no cômodo reformado?

Assim que as metas e funções da reforma estiverem estabelecidas, começa o planejamento. O objetivo é documentar as condições, o projeto e as necessidades do cômodo que será reformado. Desenhe o ambiente como é atualmente e sobreponha na planta as mudanças propostas. Depois disso, faça a lista das necessidades, como quais componentes precisam ser removidos e quais devem ser substituídos.

DICA DO ESPECIALISTA: *na maioria das cidades, os projetos de reforma precisam de licença da prefeitura antes de o trabalho começar. O morador deve entrar em contato com a prefeitura local para verificar quais são as exigências, inclusive, de planta e permissões. As normas de construção existem para garantir a saúde e a segurança dos moradores atuais e futuros.*

Contratação de profissionais

Assim que o morador compreende o processo de reforma, a próxima questão é: "Quem vai realizar o trabalho?". Muitos moradores optam por contratar empreiteiros com experiência específica no projeto que será feito: cozinha, banheiro ou outros cômodos. Além disso, costumam também contratar arquitetos para desenhar o projeto de reforma e orientar o empreiteiro e seus trabalhadores.

A seguir, as perguntas que um morador deve responder antes de contratar um empreiteiro e um arquiteto:

- Qual é a extensão do projeto de reforma; é apenas uma maquiagem ou envolve um trabalho estrutural maior?
- Qual é o nível de detalhamento que o projeto precisa ter e quem realizaria melhor esse projeto?

DICA DO ESPECIALISTA: *existem softwares de reforma de casas que facilitam muito a confecção e a impressão de plantas. Alguns podem até ser baixados gratuitamente na internet.*

- Os moradores têm habilidades, tempo e energia para aprender a realizar e terminar um projeto de reforma?
- O morador tem capital suficiente para contratar um empreiteiro ou ele mesmo vai supervisionar o trabalho de pedreiros e outros profissionais necessários para a obra?

⚠ ***CUIDADO!*** *Certifique-se de que todos os acertos com empreiteiros estão escritos e assinados por todas as partes envolvidas. Os empreiteiros fazem um contrato que inclui a descrição da reforma e todos os serviços que serão executados, além do preço de cada um deles. Mudanças no projeto precisarão de uma alteração no contrato com novos preços.*

- Parentes ou amigos experientes em obras poderão ser usados no projeto de reforma?
- Os moradores estão realmente motivados e determinados a enfrentar o projeto de reforma sem ajuda profissional?

DICA DO ESPECIALISTA: *em algumas regiões, os empreiteiros precisam ser licenciados para executar projetos de reforma mais complexos. Além disso, devem incluir o número de suas licenças no projeto e no contrato. Assim, o cliente pode entrar em contato com o agente licenciador para saber se existem registros de reclamações contra o profissional.*

Reforma feita pelos moradores

Em muitos projetos de reforma, os moradores podem executar a maioria das tarefas. Caso sejam inexperientes, podem fazer cursos ou ler livros sobre o assunto, quando se tratar dos sistemas elétrico, hidráulico, de revestimento de pisos e assim por diante. Como alternativa, os moradores podem assumir as atividades menos complexas como remover dispositivos ou fazer a pintura. Os profissionais podem se responsabilizar somente pelas tarefas que exijam especialização e que precisem estar em conformidade com as normas de construção locais.

Muitos moradores consideram que a execução de manutenção e reparos são o suficiente (Capítulos 4 a 6) para aprender e tentar realizar pelo menos uma parte do projeto de reforma. Além do mais, algumas tarefas como desinstalar e reinstalar armários podem ser aprendidas com a equipe de vendas das lojas especializadas.

Reforma da cozinha

O projeto de reforma mais popular é o da cozinha. A renovação mais simples inclui mudar o acabamento dos armários, substituir os dispositivos hidráulicos ou os equipamentos. Reformas mais complexas envolvem a troca do piso e a substituição de encanamentos, sistema elétrico, iluminação, armários e balcões. O processo de reforma da cozinha começa pelo planejamento.

Planejamento

O planejamento da reforma da cozinha começa com o registro das atuais condições do ambiente (como está hoje). Então, é feito o novo design e identificados os recursos que serão necessários. Para planejar a reforma da cozinha:

[1] Meça e anote todas as dimensões do cômodo com lápis em papel quadriculado ou em um software, incluindo as paredes, janelas e a localização de armários, dispositivos hidráulicos, elétricos e equipamentos. Meça, anote todas as medidas e faça anotações esclarecedoras.

[2] Faça uma cópia xerográfica (ou salve o arquivo) da atual planta da cozinha.

[3] Mude a planta original, incluindo os dispositivos e as características propostas na reforma da cozinha. Faça anotações sobre piso, armários, encanamentos, sistema elétrico e outros componentes, identificando todas as mudanças necessárias em torneiras e tomadas.

DICA DO ESPECIALISTA: *as normas locais de construção é que vão ditar as dimensões e a localização dos armários. Os tamanhos padrões costumam ser 45,7 cm, 91,4 cm, 121,9 cm e 152,4 cm de largura, mas outras medidas também estão disponíveis. Os armários baixos, tipo balcão, têm medida padronizada em 91,4 cm de altura por 63,5 cm de profundidade. Já os armários de parede costumam medir 38,1 cm de profundidade e 45,7 cm de altura. Os armários podem ser customizados com qualquer altura, largura e profundidade.*

[4] Faça a lista de todos os recursos necessários, a chamada lista de materiais, para a reforma da cozinha.

[5] Leve a lista para uma loja especializada em reformas ou em materiais de construção para fazer um orçamento.

DICA DO ESPECIALISTA: *os empreiteiros e os arquitetos normalmente executam o planejamento e o orçamento da reforma para o cliente.*

Piso

A instalação de novos materiais no piso está descrita no Capítulo 7 com breves instruções para a colocação de cerâmica e carpetes de vinil, os dois revestimentos mais comuns para as cozinhas.

Nos projetos de reforma, muitas vezes, o piso existente precisa ser removido. Para retirar os pisos que são presos no perímetro do cômodo, primeiro remova a moldura e depois puxe os grampos que estavam encobertos. Alguns pisos são fixados com adesivos e a remoção precisa de uma pistola de calor e uma espátula grande. Como opção, em vez de retirar, podem ser instalados painéis finos ou aplicados produtos líquidos sobre o piso para alisar a superfície.

DICA DO ESPECIALISTA: *para remover o piso, os moradores de imóveis não precisam ser tão cuidadosos quanto na hora de executar a instalação. Use estilete, martelo ou talhadeira para quebrar e remover o piso existente. Tenha cuidado apenas para não danificar o subpiso. Para pisos mais difíceis, ferramentas mais pesadas podem ser alugadas em lojas especializadas.*

Encanamento

Os projetos mais simples de reforma da cozinha podem incluir a troca dos dispositivos hidráulicos básicos, como pias e torneiras, sem precisar mudá-los de lugar. Se os dispositivos são trocados de lugar, os sifões e ralos nas paredes e no piso também devem ser mudados, o que é uma tarefa bem mais complexa.

Os canos mais comuns de água têm 1,9 cm de diâmetro para água quente e fria na horizontal, enquanto os que seguem verticalmente para abastecer os dispositivos têm 1,3 cm. As pias da cozinha costumam ter canos de 0,6 cm da parede até a torneira.

DICA DO ESPECIALISTA: *em algumas regiões, nas casas mais novas, a distribuição da água tem uma única entrada, que depois é subdividida em canos separados (0,6 cm) para abastecer os diferentes dispositivos. Uma das vantagens (além da redução de custos) é que há um único registro a ser fechado para cortar o abastecimento de água em caso de emergência.*

PLANEJANDO A COZINHA 2.0

1. Decida a localização dos novos dispositivos hidráulicos.
2. Determine a voltagem elétrica adequada.
3. Utilize o espaço vertical.

REFORMA DA COZINHA: essa é uma das reformas mais populares

e pode variar muito em dificuldade, custo e valor agregado ao imóvel.

Usando a lista de materiais para a reforma, o morador ou o empreiteiro pode adquirir cada um dos componentes hidráulicos necessários para a obra. A maioria das grandes lojas de materiais oferece cursos e oficinas sobre hidráulica básica, incluindo como escolher e instalar canos e dispositivos. Além disso, a embalagem da maioria dos dispositivos traz instruções de instalação.

Elétrica e iluminação

A troca dos dispositivos elétricos é fácil — basta seguir as instruções que vêm na embalagem. Trocar a fiação de um cômodo, no entanto, é algo bem mais complexo e requer um eletricista licenciado ou um morador bem experiente.

As lavadoras de louça precisam de um circuito dedicado com 120 V e 20 A. Para as lâmpadas e tomadas comuns a voltagem típica é 120, mas os equipamentos com calor precisam de 240 V e 50 A. Todos os outros circuitos da cozinha são 120 V e 15 A para iluminação ou 20 A para equipamentos de serviço. Os trituradores de alimentos normalmente têm uma tomada elétrica sob a pia, em geral com 20 A. Conforme vão ganhando experiência nos trabalhos de manutenção, a maioria dos moradores se sente confortável para instalar equipamentos seguindo as instruções do fabricante.

Armários e balcões

Os armários da cozinha podem ser trocados ou reformados no local, retirando as portas e recobrindo ou pintando as superfícies sem removê-los das paredes. As bancadas são fixadas pela parte de baixo sobre a moldura do armário e podem ser desatarraxadas. Novos revestimentos podem ser comprados e trocados nos armários existentes para dar um novo visual à cozinha. Como alternativa, a bancada pode ser substituída por uma base de aglomerado e recoberta com cerâmica. A instalação é similar à das lajotas de cerâmica sobre o subpiso (veja a página 180).

Para instalar armários de cozinha:

[1] Remova todos os armários antigos e os dispositivos hidráulicos. Caso um novo piso vá ser instalado, faça isso agora.

[2] Meça e marque um ponto na parede a 87,6 cm do piso. Use um nível e um giz para fazer uma linha horizontal a partir desse ponto; vai ser a bancada dos armários de piso.

[3] Meça e marque um ponto na parede 125,7 cm acima da primeira linha de giz ou a 213,3 cm do piso. Use um nível e um giz para fazer uma linha horizontal a partir desse ponto, que será o alto dos armários de parede.

[4] Use um localizador de vigas e um lápis para marcar a localização dessas estruturas, rabiscando sempre acima de 87,6 cm, que será a altura dos armários de piso.

[5] Comece instalando um armário de canto. Use o nível para posicionar o primeiro armário, então, use a chave de fenda para atarraxar o armário de volta na parede. Não aperte muito por enquanto.

[6] Continue instalando os armários em volta da cozinha.

[7] Quando todos os armários de piso estiverem no lugar, use calços para nivelar cada um deles e, então, atarraxe bem nas paredes e na junção entre os gabinetes.

[8] Instale os armários de cima, seguindo as mesmas instruções.

DICA DO ESPECIALISTA: *em alguns projetos de reforma pode ser mais fácil instalar primeiro os armários de cima e depois os de piso.*

Para instalar as bancadas:

[1] Meça a base do armário que vai receber a bancada.

[2] Se for instalar uma bancada pré-fabricada, corte a parte de cima com 2,5 cm a mais do que a base. Se for instalar uma bancada de cerâmica, deixe o suporte sobre o armário de baixo com uma borda de 1,3 cm.

[3] Coloque e posicione cuidadosamente a bancada e fixe o armário nela, usando a chave de fenda para colocar os parafusos nos cantos da parte interna inferior. Use o adesivo cerâmico e instale as lajotas e o rejunte.

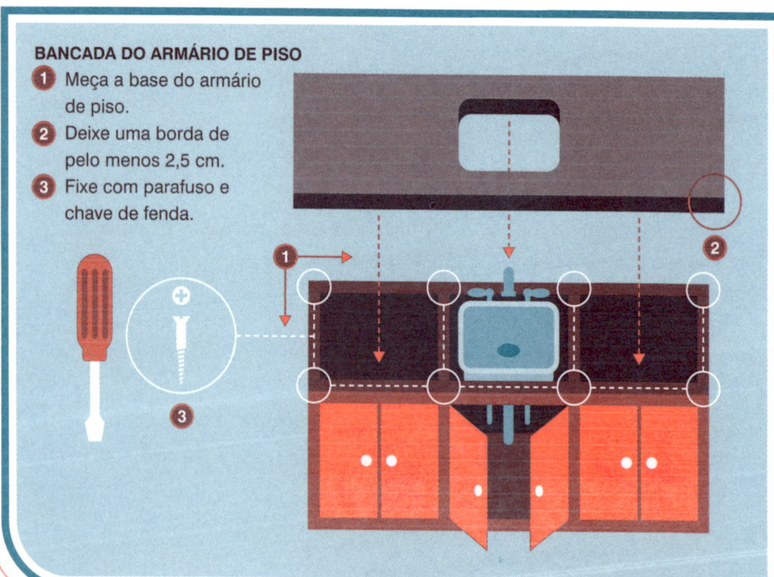

Reforma do banheiro

A reforma do banheiro é semelhante à da cozinha, exceto pelos dispositivos. Nos banheiros, pode ser preciso substituir ou instalar uma nova banheira, chuveiros ou algum outro equipamento hidráulico. Normalmente, as reformas de banheiro precisam de mais trabalho hidráulico do que elétrico, diferente da renovação das cozinhas.

Planejamento

O planejamento da reforma do banheiro começa com o desenho da planta atual e depois da proposta de mudança. Para planejar a reforma do banheiro:

[1] Meça e anote todas as dimensões do cômodo com lápis em papel quadriculado ou em um *software*, incluindo as paredes, janelas e a localização de armários, dispositivos hidráulicos, elétricos e equipamentos. Meça, anote todas as medidas e faça anotações esclarecedoras.

[2] Faça uma cópia xerográfica (ou salve o arquivo) da atual planta do banheiro.

[3] Mude a planta original, incluindo os dispositivos e as características propostas na reforma do banheiro. Faça anotações sobre piso, armários, encanamentos, sistema elétrico e outros componentes, identificando todas as mudanças necessárias em torneiras e tomadas.

DICA DO ESPECIALISTA: *as normas locais de construção é que vão ditar as dimensões e a localização dos dispositivos do banheiro. As banheiras padrão têm 81,3 cm de largura e 152,4 cm de comprimento. O espaço reservado para o vaso sanitário geralmente é uma área de 76,2 cm de largura por 127 cm de profundidade, embora esse dispositivo seja menor do que isso. A área do box do chuveiro deve ter 91,4 centímetros quadrados; ou pode ser menor com 81,3 centímetros quadrados. Os dispositivos podem ser customizados com qualquer altura, largura e profundidade.*

[4] Faça a lista de todos os recursos necessários, a chamada de lista de materiais, para a reforma do banheiro.

[5] Leve a lista a uma loja especializada em reformas ou em materiais de construção para fazer um orçamento.

Piso

O revestimento do piso do banheiro deve resistir a mais umidade do que os outros cômodos, então, a escolha e a instalação do produto são críticas. Por causa disso, a maioria dos banheiros não usa madeira ou carpete no piso. Em vez disso, o chão é revestido com cerâmica ou piso de vinil (veja as páginas 177 a 181).

DICA DO ESPECIALISTA: *o subpiso dos banheiros pode estar danificado por excesso de umidade e precisar ser consertado ou substituído durante o trabalho de reforma. Inspecione cuidadosamente as condições do subpiso perto da banheira, do chuveiro e do vaso sanitário. Se não forem resolvidos, os problemas de umidade podem causar danos nos cômodos abaixo ou próximos do banheiro.*

Armários e bancadas

Os armários do banheiro podem ser substituídos, seguindo as instruções dadas no tópico sobre reformas na cozinha (veja as páginas 195 a 196 para orientação do passo a passo). Como alternativa, podem ser consertados no próprio local, retirando e recobrindo as portas ou pintando todas as superfícies sem tirá-los da parede. As bancadas são fixadas sobre a base do armário pelo lado interno. Bancadas laminadas podem ser instaladas sobre armários novos ou sobre os já existentes. Uma bancada de cerâmica pode ser instalada sobre o armário do banheiro de forma semelhante à aplicação sobre o subpiso (veja a página 177).

Como em geral os banheiros são menores do que as cozinhas, o tamanho, a localização e a circulação entre os armários é um ponto crítico. Portanto, planejar e instalar com cuidado é essencial. Os códigos de construção locais ditam normas de espaço de circulação para facilitar o acesso a todos os dispositivos, incluindo banheira e vaso sanitário. As informações sobre essas normas estão disponíveis nos departamentos municipais de construção e em algumas grandes lojas especializadas.

Encanamento

Os projetos de reforma de banheiro mais simples são aqueles que não exigem a mudança de lugar e a recolocação dos dispositivos hidráulicos básicos, como banheiras, chuveiros, vasos sanitários e lavatórios. Reinstalar um dispositivo é mais fácil do que mudar de lugar os encanamentos. Se os dispositivos forem trocados de lugar será necessário mover também os canos e os ralos nas paredes e no chão. Para esse tipo de tarefa, a maioria dos moradores opta por contratar um encanador profissional.

Como os outros cômodos que são servidos de água, os canos mais comuns dos banheiros têm 1,9 cm de diâmetro para água quente e fria na horizontal, enquanto os que seguem verticalmente para abastecer os dispositivos têm 1,3 cm. Os vasos sanitários e os lavatórios têm canos de 0,6 cm da parede até o dispositivo.

Siga a lista de materiais para a reforma do banheiro, quando for comprar os componentes na loja especializada.

Elétrica e iluminação

Como os banheiros precisam de água, um excelente condutor de eletricidade, o planejamento e a instalação dos equipamentos elétricos e de iluminação são cruciais para a segurança dos moradores. É especialmente importante o sistema de aterramento que oferece à eletricidade uma rota para o chão, em vez de para o corpo dos moradores.

Trocar os dispositivos elétricos é simples; basta seguir as instruções do fabricante que vêm impressas nas embalagens. Substituir a fiação elétrica, porém, é bem mais difícil e requer um eletricista licenciado ou um morador de imóvel bastante experiente. A maioria dos banheiros tem circuitos de 120 V com 15 A (iluminação) ou 20 A para dispositivos de serviço.

Reforma do quarto extra

Melhorar as condições de habitação de uma casa para sua versão 2.0 (ou, pelo menos, 1.1) pode exigir a reforma da sala de estar, sala de jantar, sala íntima ou de um quarto para dar ao cômodo uma nova utilização. Como esses ambientes, em geral, não incluem muitos dispositivos e encanamentos, costumam ser mais fáceis de reformar. Na maioria dos casos, renovar significa simplesmente remover todos os dispositivos atuais, redecorar conforme o desejado e instalar os novos componentes. Normalmente, esses equipamentos são portáteis e podem ser instalados em qualquer cômodo com o tamanho e a localização apropriados. Os quartos e salas podem ser reformados para se transformar em:

- Escritório
- Sala do computador
- Espaço de entretenimento
- Sala de música
- Espaço de brinquedos
- Quarto dos mais velhos
- Sala de jogos
- Salão de festas
- Despensa
- Oficina
- Sala de ginástica
- Sala de meditação
- Quarto do adolescente
- Duas ou mais funções acima

O processo de renovação de um cômodo já existente para se adaptar a novas funções é semelhante aos projetos de reforma de cozinhas ou banheiros: planejar, desinstalar, decorar e instalar. Até mesmo as garagens podem se transformar em um quarto extra, seguindo essas instruções:

Planejamento

Planejar a mudança de função de um cômodo é relativamente fácil. A primeira tarefa é determinar se o novo propósito pode ser atendido pelo tamanho e localização do ambiente. Uma sala de jantar pode ter as dimensões adequadas para servir como escritório em casa, mas essa talvez não seja a melhor localização por causa da proximidade com as áreas de convivência.

⚠ ***CUIDADO!*** *Instalar o escritório de casa perto da cozinha pode fazer mal para a saúde alimentar de quem vai trabalhar ali. Se possível, instale o espaço de trabalho longe da área de alimentação.*

Além disso, o cômodo que vai ser transformado deve contar com os serviços necessários para atender à nova função. Por exemplo, a sala de entretenimento vai precisar de instalação de cabo para a televisão ou do serviço de satélite, assim como o número suficiente de tomadas elétricas. O quarto de um adolescente precisa estar próximo a um banheiro — de preferência, exclusivo.

Desinstalação

Para modificar a função de um cômodo, alguns ou todos os componentes portáteis devem ser levados para outro lugar da casa ou, então, precisam ser descartados. Um quarto extra que esteja sendo transformado em sala de meditação, por exemplo, vai exigir que a cama e outros móveis sejam retirados, guardados, vendidos ou doados.

DICAS DE DESIGN INTERNO

1. Determine o espaço apropriado.
2. Defina os serviços necessários.
3. Desinstale os móveis obsoletos.
4. Decore de acordo com o gosto.
5. Instale novos móveis ou equipamentos.

REFORMA DE UM QUARTO EXTRA: o processo de transformaçã

ode ser subdividido em quatro passos: planejar, desinstalar, decorar e instalar.

Decoração

Para atender completamente à nova função, o espaço precisa ser decorado (veja o Capítulo 7). Esse processo inclui pintura, revestimento de parede e instalação de novo piso. Assim que os componentes antigos forem retirados do espaço será mais fácil visualizar e redecorar o ambiente. A(s) nova(s) função(ões) é que vão determinar as cores e o estilo. Deixe que o principal ocupante ajude na escolha das cores, estilos e na decoração do novo cômodo.

Instalação

Finalmente, os novos componentes serão instalados no ambiente. As tomadas e os interruptores elétricos podem ser adicionados ou removidos antes da etapa de decoração. Conforme a necessidade, podem ser acrescentados serviços como rede de computadores ou cabeamento para televisão do mesmo modo que a fiação e as tomadas elétricas. Os novos componentes incluem móveis, dispositivos, iluminação portátil e acessórios.

DICA DO ESPECIALISTA*: tente antecipar as futuras funções do espaço e considere a possibilidade de instalar alguns dos componentes no atual processo de reforma do cômodo.*

Assim que a nova sala for planejada, decorada e instalada, os moradores podem usar o espaço para realizar as novas atividades. É possível que o planejamento do projeto Casa 2.1. comece logo a seguir.

[Apêndice]

Glossário

- **Amortização:** Formação de patrimônio e redução de débito pelo pagamento mensal regular do valor principal financiado e das taxas de juros.
- **Barreira contra umidade:** Qualquer material usado para evitar a entrada de umidade em paredes ou outras partes da construção. Folhas de polietileno ou de alumínio, por exemplo.
- **Caimento:** Grau de inclinação do telhado.
- **Caixa de junção:** Caixa de metal ou de plástico em que são feitas as conexões elétricas. Às vezes, é chamada apenas de caixa.
- **Chave:** Em sistemas elétricos, um dispositivo que liga e desliga o fluxo de energia ou que transfere o fluxo de um circuito para outro.
- **Circuito elétrico:** O trajeto da corrente elétrica desde a fonte até o aparelho ou à tomada e de volta à fonte de energia.
- **Código de construção:** Conjunto de normas legais que regulamenta a construção de imóveis.
- **Conexão terra:** Ligada ao solo ou a algo que conduza ao solo, como o encanamento de água fria. A conexão terra, em circuitos elétricos, é normalmente nua ou tem isolamento verde.
- **Corrente:** Movimento ou fluxo de elétrons que forma a energia elétrica. A taxa do fluxo de elétrons é medida em ampere (A).
- **PVC** (cloreto de polivinila clorado): Plástico branco ou de outra cor clara utilizado na fabricação dos componentes de sistemas hidráulicos.
- **Disjuntor:** Dispositivo de segurança que interrompe o fluxo quando a quantidade de eletricidade excede um nível predeterminado. Ao contrário de um fusível, o disjuntor pode ser religado.
- **Dispositivo:** Em hidráulica, qualquer equipamento que fique permanentemente fixado ao sistema de encanamentos de uma casa. Em elétrica, qualquer aparelho ou luminária que seja fixado, embutido ou pendurado nas paredes ou no teto para fornecer energia ou iluminação.

- ***Drywall*:** Painéis formados por uma camada de gesso coberta dos dois lados por papel, usados para dar acabamento interno em paredes e tetos.

- **DWV (*drain-waste-vent*):** Acrônimo em inglês para um tipo de encanamento que conduz os líquidos e os dejetos sólidos para a rede de esgoto e expele os gases por uma saída no telhado.

- **Espelho de tomada:** Cobertura decorativa para um botão, caixa elétrica ou outro dispositivo.

- **Fundação:** Parte que oferece suporte para a estrutura construída acima do térreo de um imóvel (alicerce).

- **Fusível:** Dispositivo de segurança para circuitos elétricos; interrompe o fluxo de corrente quando a energia excede um limite predeterminado por um período específico.

- **Hipoteca:** Contrato entre o financiador e o tomador de empréstimo, usando um imóvel como garantia.

- **Linha viva:** Em um circuito elétrico, qualquer fio que conduza corrente da fonte de energia até um equipamento ou dispositivo. A linha viva é normalmente identificada pelo isolamento nas cores preto, azul ou vermelho; nunca branco ou verde.

- **Parede de sustentação (estrutural):** Uma parede que suporta qualquer outro peso vertical além do próprio.

- **Parede não estrutural (divisória):** Parede que não sustenta nenhum peso além do próprio.

- ***Penny*:** Originalmente, indicava o preço de um pacote com 100 pregos. Hoje em dia, serve para indicar a medida de comprimento dos pregos e é usada abreviada pela letra "d". No Brasil, a medida dos pregos é feita pelo sistema JP (Jauge Paris) x LPP (Linhas de Polegadas Portuguesas).

- **PITI (principal, interest, taxes and insurance):** Acrônimo em inglês que se refere ao valor principal tomado de empréstimo mais juros, impostos e seguro.

- **Principal e juros:** O custo mensal de uma hipoteca; o principal é a quantia tomada de empréstimo (a diferença entre o custo total do imóvel e a parcela paga à vista) e os juros são a remuneração do financiador do empréstimo.

- **PVC (policloreto de vinila):** Plástico rígido e branco utilizado para fabricar canos de sistemas hidráulicos.
- **Quadro de comando:** A caixa ou painel por onde a eletricidade é distribuída por todo o circuito doméstico. Contém os disjuntores ou fusíveis e, usualmente, a chave geral para desligar a energia da casa.
- **Rede neutra:** Em um circuito elétrico, qualquer fio que seja mantido com voltagem zero. A rede neutra completa o circuito da fonte de energia para os dispositivos e o aterramento.
- **Registro:** Em um sistema hidráulico, a torneira que serve para fechar o fluxo de água para um dispositivo ou para uma parte da instalação.
- **Revestimento:** Folhas ou placas fixadas nas vigas ou paredes externas com parafusos prisioneiros.
- **Ripa:** Material de construção feito de metal, gipsita, madeira ou outro produto; usado como base para uma placa ou um estuque.
- **Subpiso:** Compensado ou aglomerado colocado sobre as traves, que irá suportar o piso final.
- **Tamanho nominal:** Designação de uma peça de madeira antes de ser beneficiada e aplainada (bruta). Assim, a chapa final beneficiada será menor do que seu tamanho nominal.
- **Taxa LTV (Loan-to-Value):** Relação entre o capital emprestado e o valor do imóvel.
- **Tomadas:** Em paredes, tetos e pisos são os dispositivos nos quais são conectados os fios dos aparelhos elétricos. Também podem ser chamadas de caixas de saída.
- **Viga:** Peça de madeira, metal ou concreto armado que forma a estrutura vertical de paredes e divisórias.

Índice remissivo

CERTIFICADO DO MORADOR

Parabéns! Agora que você estudou todas as instruções desse manual, está pronto para fazer a manutenção de sua casa. Com a atenção e os cuidados adequados, seu imóvel vai lhe oferecer muitos anos de felicidade e bem-estar. Aproveite!

Nome do morador

Tipo de imóvel

Estilo do imóvel

Data da compra

Data da mudança para o imóvel

Observações

Sobre o autor:

DAN RAMSEY é empreiteiro licenciado e especialista em reformas. Com mais de duas dúzias de livros publicados e seu **FIX-IT CLUB®** (www.FixitClub.com), já ensinou milhares de moradores de imóveis a consertar suas casas. Antes disso, ele foi um bem-sucedido corretor de imóveis. Dan já foi proprietário e cuidou da manutenção de sete casas, incluindo a última na entrada da floresta de Redwoods, no norte da Califórnia. Atualmente, ele é presidente da National Association of Home & Workshop Writers (www.nahww.org). Dan vive e trabalha com sua esposa e editora, Judy, há 35 anos. Eles têm três filhos (Heather, Byron e Brendon), três netos, três animais de estimação e três carros. A vida é boa!

Sobre os ilustradores:

PAUL KEPPLE e **JUDE BUFFUM** são mais conhecidos pelo nome de seu estúdio que fica na Filadélfia, o **HEADCASE DESIGN**. Eles têm trabalhos publicados em revistas especializadas, como *American Illustration, Communication Arts* e *Print*. Paul trabalhou por muitos anos na Running Press Book Publishers antes de criar a Headcase em 1998. Os dois se graduaram pela Tyler School of Art, onde hoje são professores.

Este livro foi impresso pela
Vida & Consciência em papel *offset* 90g.